理性语文
教学指南及案例评析

张达红　著

厦门大学出版社　国家一级出版社
XIAMEN UNIVERSITY PRESS　全国百佳图书出版单位

图书在版编目(CIP)数据

理性语文教学指南及案例评析/张达红著.—厦门:厦门大学出版社,2022.4
ISBN 978-7-5615-8561-0

Ⅰ.①理… Ⅱ.①张… Ⅲ.①小学语文课—教学研究 Ⅳ.①G623.202

中国版本图书馆 CIP 数据核字(2022)第 052788 号

出 版 人	郑文礼
责任编辑	郑 丹
封面设计	李嘉彬
技术编辑	许克华

出版发行 厦门大学出版社

社 址 厦门市软件园二期望海路 39 号

邮政编码 361008

总 机 0592-2181111 0592-2181406(传真)

营销中心 0592-2184458 0592-2181365

网 址 http://www.xmupress.com

邮 箱 xmup@xmupress.com

印 刷 厦门集大印刷有限公司

开本 720 mm×1 020 mm 1/16

印张 13.75

插页 2

字数 248 千字

版次 2022 年 4 月第 1 版

印次 2022 年 4 月第 1 次印刷

定价 58.00 元

本书如有印装质量问题请直接寄承印厂调换

厦门大学出版社
微信二维码

厦门大学出版社
微博二维码

序

什么样的课堂能使个体生命价值实现最大化？什么样的语文课堂能引导学生各尽所能、力争上游？什么样的语言教学能促成学生明辨善思？走出语文课堂，我们的学生能否做到"以负责的态度，陈述自己的观点看法，表达真情实感，彰显科学的理性精神"？……

这就是张达红老师的理性语文教学研究的指向。

本书聚焦理性，探索发展思维的语文教学策略，并以各种课型的实践来验证。本书前七章系统论述了培养各种理性思维能力的策略，每章所附的案例，从不同角度展示了这些策略如何运用于课堂教学中。这些案例，经由实践反复观察、分析、调整、改善，展示出的理性语文课堂教学，在"教考评一体"背景下，实用且前瞻。第八章的教学随笔，描述师生之间的交往，生动诠释了感知领悟与理性分析是相互补充的，也体现了作者的追求——让每一个课堂教学充满了教育的意义。

语文课堂，就应该引导学生在语言学习过程中，强化思维训练，促使学生明辨善思。聚焦理性，探索发展思维的语文教学策略，应是每一位语文教师的责任。

一、没有思维的参与，知识就立不起来

阅读、思考、表达是学生教材学习的必经之道，是教学过程的本质性、本体性的活动，它们犹如饮食中的一日三餐。如果说阅读是对知识（教材文本内容）的表层的认知，思考则是对知识（教材文本内容）的深层的认知；阅读获得的是外在的客观的知识，思考获得的则是内在的主观的认识。

思考是第二环节，是教学过程最为核心的环节。学科知识与思维方法、学科方法本来就是一种水乳交融的关系，每一个概念与规律的得出，自始至终贯穿着思维方法与学科方法的操作。因此，只有通过结合思维方法与学科方法的概念、规律教学，使学生在每一个概念、规律得出过程中真切体会思维

方法与学科方法的作用,学科知识才能真正被学生所掌握,思维教学才能真正得到落实。

教师要结合学科性质和特点,引导学生探究教材文本每个知识点特别是每个概念、每个原理和每个命题的提出过程和思维步骤,深究知识与思维的融合和转化,从而在掌握知识的同时领悟其蕴含的思维方法,或者在进行思维推理和探究的同时掌握知识。

没有思维的参与,知识就立不起来。我们的教学目的"不仅要看学生学了多少新课程和新知识,更要看学生是否真正学会了思考,学会了课程外的思考和实践;不仅要看学生接受了多少,更要看学生是否敢于批判和批判了多少;不仅要看老师在课堂上教给了学生多少知识,更要看老师给了学生多少思考的机会,给了学生们多少辩论的机会"。

二、尊重语言学习的规律,提高理性思考能力

一直以来,我们教一篇课文,主要是让学生懂得课文的主要意思,这种教懂型的阅读教学是导致语文教学少慢差费的症结之一。内容的理解本身不是目的,"内容的理解"背后,站着"为什么要写这个内容""为什么这么写这个内容"。

小学语文教学应侧重于小学语文本体性知识,即学生学习语文必须掌握的、可以终生受用的语文知识、语文方法与语文技能,如查字典、标点符号的使用、阅读方法、写作技巧。从视角切入看,要从关注内容转向关注表达,为此应大胆取舍,使训练目标清晰可见。教师要关注学生是否学会,引导学生学以致用,将消极的语言状态转为积极的语言状态。

文本解读过程,是一个语用的、动态的、有自身规律的系统。言语材料的积累与语言能力的形成,有着自身的鲜明特性。根据语言学习的规律,对语言的掌握,学习者必须首先模仿他人的言语材料,然后,才有可能通过激发自身的语言机能——"普通语法"进行言语再造。

语文课堂应强调对文本的充分感知领悟,对语言文字的有效模仿借鉴。这就意味着,教学是凭借文本学习,最大化地让学生进行言语学习,听说读写训练,运用与积累,努力地培养学生的学习能力、实践能力和创新能力等。如在阅读中,训练学生学会概括课文,抓重点词句,联系上下文、联系生活来读懂言外之意,以此发展学生阅读的能力,使其在实践中学会运用。

遵循语言学习的规律,强调回归最朴素的学习方式,在听说读写中学习

语文。每个人都有听和说、读和写的需要，都有好奇心、发言权、表达欲。这些内在的需要，让听、说、读、写之于每个人，都如同呼吸一样自由、自然。也即在听、说、读、写过程中，学会了听、说、读、写。

三、多元解读，让语文教育成全人生

语文不但具有工具性、知识性，还具有思想性与艺术性。通过对文本的研读，学生可以从中获取他人对人生、对社会的看法和态度，促进自我人生观、世界观的发展与完善，形成个体的道德信念、公民意识。

受传统观念的影响，"群"的观念偏强，"个"的意识不足，学生丰富多彩的个性、差异显著的内心需求常常会被遗忘、被忽略。生命的发展过程中总有一些羁绊和障碍，教育的作用就是让受教育者获取冲决这些羁绊和障碍的力量，个性的磨砺与彰显就是在这种不断突破的过程中进行的。每一个不同的人、每一种不同的观念、每一次不同的选择都应该受到尊重。唯有如此，教育才能成为生命成长的催化剂和助推器。

当前，许多有思想的语文教师在课堂里试图解构传统语文教学，努力进行人文主义思想启蒙，并探索语文教学的真相和规律。这些勇敢的践行者，把人的生命尊严置于核心，其语文课堂以人为本，强调多元解读，强调个性发挥，引导学生从文本中读出对自己有用的东西，从文本中接受有意义的东西，并解释成自己理解世界的方式。

教材中的文本都具有典范性。每一个文本因不同的作者具有不同的内容思想、不同的语言风格。一方面，教师引导学生透过诸多的"不同"探寻"共同"，发现语言的规律性。透过阅读文本，把带有规律性的东西传递给学生，形成语言感觉、语言自觉。另一方面，经典文本具有内涵的丰富性、时空的跨越性、实质的创造性与无限的可读性，学生在领略经典魅力的同时，将收获终生受用的感悟。

文本的积极意义在于与普适的伦理标准一致，如民主、平等、自由、发展。无论什么课堂，对人格的尊重、人性的关爱和个性的成全应始终是教学的主线。教师遵循这一主线，批判地使用教材，引导学生独立思考，在讨论中辨别是非，最终在语文学习中受益。

文本只是一个案例，教师应引导学生将所学的一切，回归真实的生活。研读文本，最终是为了走出文本，让学生产生自己的观念，培养符合常规、符合正常逻辑的生活态度和生活情趣，形成普适价值观。

日前,教育部在对政协《关于在小学阶段开设逻辑思维课程的提案》的答复函中指出现行的语文教学对逻辑思维能力培养有些欠缺。目前教育部正在组织修订义务教育语文课程标准,将思维发展与提升作为语文课程核心素养之一,要求语文课程教学注重在语言理解和运用中逐步发展学生思维的条理性、深刻性;同时设置了"思辨性阅读与表达"任务群,使学生学会"负责任、有中心、有条理、重证据地思考与表达"。张达红老师的理性语文教学研究,也因此有了更好的发展空间,期待有更多的研究成果。

愿所有语文教师,都能理性做研究,培养理性思考的学生,做一名睿智的领路人。

余文森

2021 年 8 月

追寻语文教育的理性之光
（代序）

有幸跻身"福建省中小学名师培养人选"之列，这是一次专业成长征程的再出发。三年多的沉潜历练，是深度的自我开发，是艰辛的漫漫求索，是破茧化蝶的蜕变。回首这段学习历程，我不由得想起罗兰·巴特的话："我体会着这些套式的无处不在，在溯本求源里，前人的文本从后人的文本里从容地走出来。"

痴迷：数字与策略构建高效

一直以来，我相信有效教学就是用时少效果好。我认为教研就是要研究如何在有限的时间内，让学生尽可能多地有所收获。我从不迷信某个教学流派，听课观摩时总会思考：这些教学构架，置于我的常态课堂中，或让身边的某位教师去操作，有更好的策略吗？我钟情于实证的、具有教育学意味的著作，在如饥似渴地阅读《全面课堂管理》《透视课堂》《教学机智——教育智慧的意蕴》等教育学经典时，总努力思考如何汲取营养到教学实践中。

就这样，一路透视追问，一路尝试反思。有很长一段时间，我对数字达到痴迷的程度，我把"教育就是百分之三十的忏悔和百分之七十的等待"当成座右铭，并常常将语文教学策略细化成数字，诸如"反馈时，老师只讲错误率在百分之四十以上的题目，对错误率在百分之十以下的题目，老师不用在课上讲解""低年级要注意，最重要的内容要在课堂前二十分钟讲""大多数学生自读课文五遍即可熟读""生字练习一次不超过三遍"……

也许得益于在职读到硕士研究生的功底，对我而言，每天的教学都是全新的尝试，是对各种教学策略不断地筛选、重组、改造、嵌入，并乐此不疲。当许多老师受困于专业理论与自身实践的断层时，我所领衔的泉州市小学语文名师工作室团队，以"课堂容量大、密度高、测评好"著称，因其"可看可学，心动亦可行动"，赢得当地众多追随者；我的各种专题讲座也因"可操作、即学可即用"而受到本土众多教师的好评。

但是，日复一日、年复一年的课堂，看似重复，其实处处充满了挑战。教育情境的不确定性,教育对象的差异性,决定了没有一个万能的答案去解决所有的问题。好的课堂应让每一个孩子感受到爱意与善意。"当教育学不再与人的独特性相关时,那么教育就变成了一个企业。学习上的所谓越有效的模式,从教育学意义上而言常常是最不令人满意的。"马克斯·范梅南的话让我猛然惊醒。是的,在追求高效的路上,我们往往忘记了优秀教学所要求的最本质的东西。

我的探索陷入瓶颈。

就在此时,我参加了福建省中小学名师培养人选的培训,主要任务是提炼教学主张。我从施教的角度提出,要构建"民主理性的小学语文课堂教学系列策略",希望系列策略有助于组织课堂全员全程参与学习,可以让老师少教而学生能多学,相信一定会受到一线老师的欢迎。但这一主张马上被导师余文森教授否定了。他说这是共性的,是所有研究都需要关注的。教学主张要有鲜明的个人风格,应是系统有深度的,能体现对教育理想的追求。

在与导师多次对话后,我确定了"理性语文教学"这一主张,之前所思考并不断践行的"民主理性的语文课堂""全员全程参与的有效策略"等专题终于有了一个统领与归属。当时我如释重负,多年来的寻寻觅觅,经余教授点化,水落石出。

但这只是开始,巨大的挑战还在后面。

困顿:在理论与实践间跋涉

反思评上"小中高"、特级后的多年来,我更多是凭经验在实践在示范。浏览自己写下的几十万字随笔,时常感觉当下每天的记录,似乎是简单的叠加,虽不时有闪动着灵光的案例,但也都如一颗颗散落的珠子,七零八落。我意识到,教学主张就是串珠的线,如果主张能成型,我将走出专业发展的高原期,实现新的超越。

为了在理论的高度对"理性语文教学"主张进行系统论证,我阅读了能找到的关于"理性"的所有材料。大量阅读使我激情澎湃、信心满怀:理性是人的本性,真正为对象负责、尊重人、帮助人提高的教育,都是非常理性和鼓励人思考的。相应地,语文教学应该注重培养学生这样的素质:独立的思想,客观的态度,善于思考与分析,能理性地表达。那一时期,我信奉理性的力量,一如教徒朝圣般。

但回归语文教学实践,理性又该如何体现呢?语文是最具人文性的学科,每一节语文课都应是与学生的情感、经历等生命体验相关的训练,那么,

"理性"的落脚点在哪里呢？我之前所做的理性施教，只是努力让所有因素都最大化地发挥良性作用，以最经济有效的方式达到最优化的效果，这些策略性的研究，与"理性语文教学"主张相距甚远。而相关主题的论著并不太多，即便有，大多是谈及"理性"在语文教学中的必要性，对理性内涵、如何在教材解读时彰显理性、如何在教学活动中体现理性鲜有见解。

无疑，在教育实践中产生一种新思想，"所见略同"甚少，没有旁征博引的沟通，此时的孤独感是最强烈的。我陷入了困顿。

于是回归实践。每一篇课文，我努力挖掘教材中的理性因素，把理性启悟当作文本解读的最终指向；每一堂课，都力求把理性作为核心因素，渗透在教师的语言、教学结构、教学方式中，希望理性不是烙印而是植根于此。我沉迷于理性语文教学，只要有机会，在各种场合，我都就此话题向不同的人求证。

各种质疑随之而来。有人认为语言文字中蕴含了深刻活泼的情感和意趣，蕴含了广博丰厚的文化积淀，学习语文就要接受人文熏陶，刻意地追求理性，符合语文的学科性质特点吗？也有人认为文本阅读是一种积极的审美活动，主体精神的投入、情感的活跃是根本的要求，谈理性似乎是贴标签；更多的人则问及，理性语文教学如何做到感性与理性的统一？如何让感知领悟与理性分析相互补充？……

如同兴冲冲地向前进，以为前方就是光明大道，却不料走进了死胡同。我虽然明白，做研究最需要听取不同的声音，这样会使自己的思考更加完善，但这样一开始就充满争议的主张是否还能做下去？导师余教授提醒我，要想让自己的教学主张站住脚，关键是要根据教学主张的内涵，从学科教育教学的不同方面和角度去挖掘、构建、提炼教学主张的核心要点，并加以系统阐述，做到自圆其说。

这样的探索没有尽头，但我已行走在路上！

突围:在对话中收获理性的启悟

三年时光流逝，理性语文教学主张几易其稿。从开始的寻找理论依据、罗列实践要点，到后来的界定概念内涵、渗入教学的方方面面，直至尝试结构化的论证，这一过程，是无数次的突围，是穿过杂乱无章、纠缠不清的经验丛林，去追寻理性的亮光。

在余教授的悉心指导下，理性语文教学主张内涵渐渐清晰:客观性、准确性、普适性、逻辑性、批判性。在追寻理性语文教学的过程中，要努力实现感性愉悦与理性启悟的统一。恰如一篇课文的解读，在引导学生感悟作品中优美的文字、意境、人性、情感时,还必须培养学生透过形象启动理性思维进行抽象理解的素质和能力。只有这样,学生才能真正成功解读一篇作品并从中获益。

但还远未止于此。如何放大不同年段教材中的理性因素并将其串联起来,使其显性化,形成一个系统,发挥整体效益?教学方法、课堂结构、教学风格如何凸显理性?如何渗入一切教学活动,成为一以贯之的个性特征?理性语文教学有哪些典型模式?有哪些特征明显的系列策略?……

面对繁杂的现实,想追寻事物的真相,必须凭借智者的目光。导师洪明教授从教育研究方法的角度指导我如何构建主张体系;《混沌阅读》一书作者、福建师范大学文学院教授赖瑞云启发我如何从语文课程论角度重新审视教学主张;"本色语文"倡导者陈宝铝先生从价值取向、逻辑设计等方面提出真诚的意见,告诉我如何有力论证论述。大师们从各自的高度,为我指引出一片新天地。

而福建省课程中心总在恰当的时刻,为我们集结旅途中的同行者,搭建对话的平台,如"闽苏"名师培养交流,乃至闽台名师对话。虽然同伴们的主张各不相同,但可触类旁通。基于主张提炼的每一次交流与点评,都给我极大的启发:有研究方法的借鉴,有思维方式的改变,有阐述方式的模仿……每当获得灵光一闪的顿悟时,总想拆解为属于自己的妙招,以提升"段位"。

每一次的突围,都是前行的一个新起点。

不知不觉地,在观摩我的课后,很多同行称赞"理性语文课让人耳目一新";每每我的讲座结束,总有不少老师围上来,要参与我的理性语文教学研究;我的主张论证也渐渐成型。教学主张虽未成熟,但提炼主张的三年,是从教二十七年来思考张力最大的时期,也是提升最快的阶段。

理性是生命价值的最大化。理性语文教学主张,让我之前的高效语文课堂研究有了灵魂,在语文家园里扎下了根。相信,附以更多的努力,理性语文教学主张还将继续发芽、长叶、开花、结果。

我的教育人生,因着"理性语文教学"主张,将一往无前。

张达红

(写于 2015 年 3 月福建省名师培训结业之际)

前　言

　　理性是人的本性。教育的本质在于训练人的心灵,使之具有理性。培养以理性为核心的语文素养,应是语文教学的核心目标。为何对语文课堂培养理性思维能力做专门论述? 主要原因如下。

　　第一,互联网时代,培养理性思辨力乃重中之重。

　　互联网时代,教育面临前所未有的机遇和挑战,培养有规则意识、有理性、有主见、有批判力的现代公民,乃当务之急。"认识的肤浅和思想的苍白是这一代学生的通病,不加强理性思维的训练,就会降低整整一代人的水平。"(毛荣富)学习语文,除了文化的民族继承外,更重要的是为社会的健康延续。教师要聚焦时代与生活,培养立体化的完整语言能力,训练严谨缜密的逻辑思辨能力,引导个性表达,淬砺思想,练就理性思辨力。

　　《义务教育语文课程标准(2011 版)》指出:"在发展语言能力的同时,发展思维能力,学习科学的思想方法,逐步养成实事求是、崇尚真知的科学态度……"从时代价值来说,培养理性思维能力的追求与当前核心素养理念相契合。

　　第二,当前语文教学感性有余,理性不足。

　　随着语文课程改革的深入推进,"人文"被提到一个前所未有的高度,语文教学中的感性思维被广泛关注,而理性思维则被有意无意地忽视。贴标签式的教化;脱离文本、脱离语言的"心灵洗礼";快餐式、随意性、碎片化的"浅阅读"令人忧虑,最终导致学生对文本肤浅化理解,削弱学生的思考力,乃至剥夺其审美情趣。

　　感性和理性具备的不同特征和功能,决定了两者在人的身心发展中的不同作用和价值,对人的生长而言,两种因素不可或缺,这是人性丰富完满的必然要求。语文素养,按课程标准而言就是人文性和工具性。人文性包括情感和理性,也就是情感的丰富和理性的严密。在当前,客观、怀疑、批判、思辨、探索、逻辑等理性能力极为重要。依据理性和程序来判断和解决问题,是现代公民必备的基本素养。发展理性思辨力,也是语文课程的重要使命。

第三，"教考评一体"导向精准的理性语文研究。

在"素养"导向的教考评良性互动的理念下，需要精准服务，把有限的课堂时间与精力，用在值得学习的内容上，使大部分学生进行高层次的学习。换言之，即择其要，集中火力攻之。这样，语文研究重点在找到学生独立思考而无法解决的"教点"。统编版教材的阅读策略等编排，催生了各种新课型。无论什么课型，理性思维能力的提升乃牵一发而动全身的"教点"。

本书每一章所附的三个案例，分别提炼出一个主要"教点"，全书 21 个案例，详细展示了 21 个教点。而所有教点，如提取信息、自我校准、多元对话等，均指向发展理性思维能力。精准读写，既整体提高学业质量监测水平，又使学生在赢得学业的同时，获得理性思考力。

本书主要特点如下。

第一，聚焦理性，探索发展思维的语文教学策略。

理性思维能力不但是为文之本，而且是为人之本。教师要充分挖掘文本中蕴含的理性教育资源，强化作为现代公民必备的缜密逻辑理性思维的训练，致力于培养以理性为核心的语文素养，为学生一生的幸福奠基。本书分章论述了如何在教学实践中培养学生的各种思维能力（即整体思维能力、逻辑思维能力、推理能力、思辨力、学科思维等），这些基于实证研究的系统可操作的策略，对一线实践极具指导意义。

各章既独立成篇，又互相联系，统一于"培养明辨善思的公民"这一主题下。每章围绕一个主题，选取统编版教材各年级不同体裁的典型课文，从多个角度，直观展示如何凸显语文教材的逻辑推理要素，践行客观求真的文本阅读姿态，强化行文表述的批判反省意识，以实现理性思维能力的培养。

第二，学生为本，构建普适高效的语文教学范式。

提高语文教育的科学性与培育学生的理性精神是一体的。叶澜教授指出："每个学科都有自己的结构群，诸多有差异又能相通的结构群，有助于学生形成结构思维方法，这是学生的学习能力可自我增生的重要基础。"建构真正让学生站在课堂中央的教学范式，这种范式体现为低耗、明快、简洁、便捷的课堂结构。教师要不断优化，才能不断接近教学效益最大化，此亦为教学研究的真实追求。

本书的每一章均附有三篇理性语文教学课例，共 21 篇，是对本章所论述专题的补充与直观说明。课例取自统编版的典型课文，注意关照一至六年段的不同文体不同课型，展示如何通过概览全文，抽取行文思路、辨析内在联系、进行多视角评判、鼓励个性反思表达等，强化理性思维的训练。

第三,遵循规律,展示结构化的真实语文课堂。

作为一门学科,语文教育存在普适的、科学的规律。本书以培养学生的理性思维能力为核心,不论观点论述或案例设计,遵循语文教学法则、原理、规律,符合学生实际。在此基础上,重构教学内容、优化教学策略、调控教学节奏,以实现理想的语文课堂——优化的内容结构、清晰的文本结构、科学的方法结构。这种理想,彰显了语文课程的理性精神和语文教学的结构之美。

本书选取的 21 个案例,经由不同地区不同教师反复实践提炼,在各级研讨活动中得到高度认可,对一线教师而言,极具普适性与操作性。

理性是每一个公民应有的素质。唯有训练理性思维、启发智慧、挖掘潜能、完善人性,才能使生命价值最大化。

张达红

2021 年 8 月

目　录

第八章 让每一次教学充满教育的意义

第一章 理性语文教学：培养明辨善思的公民

一、引言

语言不仅仅是工具，更是人的生命活动、心灵活动。语文教学的过程，应是重建人的价值理性的育人过程。一个人通过语文学习，与自然的、感性的及理性的东西构成突触网络，形成文理通融的思维模式，从而育成健全的人格。教师应重视理性思维在语言活动中的关键性作用，充分挖掘文本蕴含的价值资源，强化作为现代公民必备的缜密逻辑理性的训练，为学生一生的幸福奠基。

基于上述思考，笔者提出了"理性语文教学"。本章从概念界定、内涵阐释、课堂策略等方面，阐述对理性语文教学的若干思考。

二、理性语文教学的概念界定

(一)理性语文教学的定义

理性语文教学指引导学生在语言学习过程中，强化逻辑思维、批判思维的训练，挖掘并培养学生的潜能，促使学生明辨善思，最终使生命价值最大化的学科教学活动。

也就是说，理性语文教学，基于语言学习的教育性与生命性，通过训练心灵、启发智慧、完善人性，使人走上自我实现的道路。它以创造、建构和生成为方向，以个体生命价值最大化为终极目的，引导学生在深度阅读中自我建构，在个性体验中反思表达。在这样的教学中，理性思维得到培养，生命个体的真实意义得以彰显，幸福人生得以奠基。

(二)一个关键概念——理性思维

理性思维是一种建立在证据和逻辑推理基础上的思维方式，是一种对事物或问题进行观察、比较、分析、综合、抽象与概括的思维。

理性主义在西方世界绵延达两千多年，是西方教育思想体系的核心。近现代许多教育家都把理性教育看作是普通学校教育的核心。理性语文教学，关注理性思维的培养，以学生的发展为目的，追逐生命意义的实现与超越，为学生精神世界的健全丰富与自由充实的发展提供可能。

(三)两对重要关系

1. 感知领悟与理性分析

感性和理性具备不同特性和功能，决定了两者在人的身心发展中的不同作用和价值。对人的生长而言，两种因素不可或缺，这是人性丰富完满的必然要求。

从教学实际来看，没有理性和逻辑的参与，阅读与教学就难有深度。盲目的动情，以感情代替逻辑，用笑声代替思考，会导致逻辑理性精神的匮乏。如果缺乏了逻辑理性这个内核，语文课程就会失去根基，语文素养也会失去灵魂。

理性语文教学强调理性思维的培养，并不排斥或忽略感知领悟在语文学习中的作用。理性语文教学追求感知领悟与理性分析的和谐统一，认为感知领悟与理性分析应是相互补充的。也就是说，在引导学生感悟文学作品中优美的文字、意境、人性、情感时，还必须引导学生认清文学作品的典型性与普遍性之间的关系、现象与本质之间的联系，培养学生透过形象启动理性思维进行抽象理解的素质和能力。只有这样，学生才能真正成功解读一篇作品并从中获益。

2. 个体生命价值与核心价值观

社会主义核心价值观强调对个体生命价值的充分尊重。理性语文教学的追求，正契合核心价值：培养作为未来公民应有的独立的思想、客观的态度，能积极参与公共事务，遇事周密分析，善于理性表达。通过教育使人至善至美，洞察理念，掌握真理，富于理性，方能实现个体生命价值最大化。

(四)三个关注点

1. 关注现实生活，尝试以理性为核心的文本再构

语文教育中蕴藏着丰富的理性教育的矿藏，语文教学所涉及的中外文学作品中处处有理性的素材资源。教师应有意识地寻找表现理性主题的素材，挖掘蕴含理性主旨的资源，探索语文学习过程中富于理性的要素，将其放大，

作为教学的重点与亮点，作为语文教学的主线。

这需要教师有专业筹划力，进行以理性为核心的文本再构：抽取教学内容中学生可能达到的理性因素进行整体设计；以一篇带多篇，实现多部作品的关联和比较；置于当前社会环境下对比映照，融入学生经验，取得专业发展和理智进步。

通过文本再构，实现结构化的教学，打开学生的阅读视野。如展示同一作者的其他作品，帮助学生深化对其写作风格和语言特点的理解；展现与作品主题相近的其他作品，让学生明了同一主题可以有不同的取材角度、叙述手段等。这样，形成立体化的感知与理解，从而学会借鉴经典范文来完善表达方式，使自己的独特表达更科学更规范。

语言教学还应聚焦在学生所置身的特定时代、生活场景中。教师要引导学生关注自己的生活空间与生活方式，关注现实的社会生活，将文本语言与当前生活进行一次次的映照和比较，在时代的脉动中发现、思考、表达，培养符合常规、符合逻辑的生活态度与生活情趣。

2. 关注思考过程，让读写成为有意义的学习建构

阅读教学要以影响思维方式和行为效率为重点，通过对文本的聆听、梳理、批判、选择，在反复对话中，将书籍中有价值的东西吸纳、内化到自己的知识结构之中，使原有的知识结构得到丰富、优化或者重建，让每一课的学习都成为一场有意义的学习建构。（朱永新）

学生的阅读经验，既是丰富多彩的，也是模糊零散的。教学要以此为起点，关注阅读经验差异，搭建弹性平台；组织经验呈现，唤醒思维意识；推动经验再生突破，指引学生寻找并发现自我思维的起点；促进经验重构，激发思维冲突，把可能的发展水平，转化为现实的语言素养。这样，学生在阅读时，才能自动联系已有经验，进行搜寻、作出比较、形成独特的见解，思维活动由此显现和展开。

此外，教师还应注意探寻思维展开的策略，如创设情境、引导联系阅读经验，让思维脚踏实地；指导借助直观形象的描述及图示将思维过程外显，降低思维的难度；设计不同类型的阅读练习，如迷惑性练习、诱发性练习、隐蔽性练习、蕴含性练习，提供清晰的支撑点，让思维有支持；合理安排阅读的程序，让思维有线索⋯⋯

这样，学生不但能搜索、加工相关信息，还能比较、选择、反思不同的信息加工方式和认知策略，由此举一反三、闻一知十，具有强劲的发展力。

3. 关注个性表达,创设充满思辨意味的语文课堂

好的语文课堂,应当是充满正能量的课堂;是对每一名学生各不相同的特性由衷地尊重;是以交流价值观、提升思想力为目标的思想课堂。

关注个性表达,意味着把人置于教育的核心,意味着关注每一个个体独特的成长可能性,尊重每一名学生表现出来的个人愿望,给每一名学生多次尝试的机会。理性语文教学,开发生命潜在的语言能力,提倡人格自主、独立思考,将学生的个性表达力作为发展理性思维的逻辑生长点,让每位学生充分释放天然的表达欲望,培植持续增值的语言表现力和语言创造力。

我思故我在,我存在我表达,思想的深度决定表达的高度,思想力的强度决定表达力的效度。理性语文教学,以培养未来公民立体化的完整语言能力与严谨缜密的逻辑思辨能力为目标,将学生心灵之"思"作为其语言表达的真正动力,用鲜活、激情和个性的表达,淬砺思想、练就理性思辨力,用深刻、丰富和缜密的思想,成全每一节课的人生意义,最大限度地弘扬作为表达主体的"理性魅力"和"语言力量"。

三、理性语文教学的内涵阐释

西方的理性主义的内涵主要包括三方面:尊重客观事实与公理;坚持因果关系;处理不盲从、不迷信。相对应地,理性语文教学的内涵也体现为三方面:客观性、逻辑性、批判性。

(一)客观性

理性主义尊重和崇尚客观事实与公理。如果不以客观事实为前提,推理过程无论多么合理正确,其结论也是错误的。客观是理性的源泉,是理性的第一属性。

文本的客观性是其内在的本质的特点。任何文本都应该言之有物、言之有据,绝不可以无病呻吟,更不可以杜撰、捏造。文学源自生活,作品再富文学性,其虚构亦是立足真实的生活;即便是深受学生喜爱的童话故事,也必须遵循"物性真实"这一创作规律,让猫狗讲话,应该符合猫狗的"身份",比如猫会捉老鼠,狗会看大门。否则,学生就会觉得故事是在骗人,从而疏远甚至毫不留情地抛弃这个故事,这也正是符合哲学家海德格尔所说的"原型"心理。

文学作品属于第三世界,对于读者而言,它同样是客观存在的。"承认文本的客观性,承认文本对阅读的前提性意义,这是阅读教学之所以可能的条

件。"（李海林）

入选教材的大多是文质均美的文章，蕴含了极为丰富的人文因素，对一个人的精神影响是长久而深远的。文本材料的价值取向是"文本解读个性化"教学的核心与灵魂，阅读教学中，要尊重文本，什么样的文本，还它什么样的味儿，把文本的特点体现出来，求真务实，让阅读感悟不断接近学生的生活体验。

笔者在解读《南辕北辙》一课时，不出所料，有学生提出："因为地球是圆的，车上的朋友如果一直朝北走，其实也是可以到达楚国的，只不过是得绕一个圈，比较浪费时间。"

笔者先肯定这个学生的想法看上去是可行的，接着引导学生就古代出行工具的局限及翻越千山万水的困难做了讨论，告诉学生，任何思考都应面对现实，在当时的条件下，南辕北辙是不可能到达目的地的。

教学导向要充分体现科学的缜密与理性。文本只是一个案例，一方面承认课文的存在，尊重文本的价值观；另一方面，本着为学生负责的态度，引导学生将所学的一切，不断接近真实的生活，最终回归生活。研读文本，是为了走出文本，是为了培养符合常规、符合正常逻辑的生活态度和生活情趣。这样学生才不会被文本化，才能始终作为一个独立的个体在阅读中受益。

（二）逻辑性

理性精神十分讲究逻辑，自由思想唯一的限制是内在的逻辑，没有逻辑的思想是胡思乱想。语言有意义，其意义存在于语言的逻辑关系之中。

文本的力量存在于逻辑中。说话写作都离不开逻辑。说某人表达精妙，无外乎思路清晰严密，分析精辟独到，用词准确精当，这背后是强有力的逻辑思维支撑；而构思立意、谋篇布局、遣词造句也都要以清晰的逻辑思维为基础。符合逻辑，才能主旨突出，结构严谨，条分缕析，言之有序，环环相扣，无懈可击。王力先生曾指出，文章写不好，并不是由于他写了几个错别字，也不是因为他不懂语法，主要是逻辑思维问题。

现有教材基本以人文主题构成单元序列，教师应根据课文的教学目标以及其在整册教材中所承载的教学价值，探寻单元构建的逻辑序列，梳理出单元的逻辑线索，形成一条清晰的逻辑线索。通过替换、压缩、嵌入等，力求以发展思维为核心，从纵向上建立起关联紧密的单元内容体系。这样，通过对知识结构呈现顺序和表达方式的反复推敲和精细打磨，努力将语文学科自身的逻辑与儿童认知发展的逻辑相互映照，着力帮助学生建立并逐步完善认知结构,实现知识结构与认知结构的和谐统一。

当前颇受欢迎的单元整组教学、主题教学、比较阅读、群文阅读等语文教学模式,则呼应了这样的思考。如"整组导读、聚点探究、整组提升"的单元整组教学,在学完一个单元后,进行整体回顾,在此基础上发现规律,深化收获,将学生引向更广阔的实践空间,也使语文学习更富于思辨。

即使是单独一课的教学,也应引导学生跳出字词句段的限制,站在篇章的高度,揣摩作者如何谋篇布局,解构作者的思路、文路和想法。即重在讲透"应该怎么写,为什么这么写",从篇章的视角,品味作者怎样做到详略得当,注重节奏,富于变化,以培养学生的篇章思维。

篇章思维不仅要考虑句与句、句群与句群之间的关系,还要考虑到如何通过呼应、伏笔、悬念等手法,处理好情节、情感、思想等问题,其内部结构是作者想法的复杂组合,这种组合的方式是无穷无尽的。篇章思维在培养学生逻辑思维的同时,构成了思维的奇异性、超常性。

叶澜教授曾经指出:"每个学科都有自己的结构群,诸多有差异又能相通的结构群,有助于学生形成结构思维方法,这是学生的学习能力可自我增生的重要基础。"语文教育作为一门科学,优化的内容结构,科学的方法结构,彰显了语文课程的理性精神和语文教学的结构之美。语文教学培养学生富于逻辑的理性表述,不仅必要,而且重要。

(三)批判性

理性主义确信不存在完全正确、永远正确的权威。每个人都可以依据自己的思想作出判断,坚定地提出自己的观点。对任何理论和观点都必须用怀疑和批判的态度进行严密的逻辑分析和实践检验,才可认同和相信。

联合国教科文组织在《塑造明天的教育》一书中指出:"学习是以批判的方式提出问题的活动。"世界各国高度重视培养学生的批判精神。美国批判性思维运动的开拓者恩尼斯认为,批判性思维是"为决定相信什么或做什么而进行的合理的、反省的思维"。批判性思维既是一种思维技能,也是一种人格或气质;既能体现思维水平,也凸显现代人文精神。

语文教学中引入批判性阅读,有助于提升学生的认知成熟度。教师要引导学生抱着真诚和客观的态度去阅读,对不同的意见采取宽容的态度,防范个人偏见。在阅读中,要谨慎地作出判断,或暂不下判断,或修改已有判断,让自己的思考更深入,更有余地。即便是对文本的多元解读,也应让学生明白,自己的任何观点,须在文中找出相应的材料和细节来支持论证。学会基于文本事实,辨别问题的价值,抵制毫无根据的想法。

批判性阅读,培养主动的阅读者,也让每次阅读的过程成为多向学习、分享的过程。长期训练,学生懂得换位思考,更能真诚地理解对方;考虑对立观点的力量与弱点;考虑是否需要另一种观点;考虑是否存在解决问题的另一种方式。思维品质因此得到提升。

批判性阅读,让学生成为负责任的表达者。学生学会用严密的思考去获取令人信服的论断;学会在表达中呈现清晰的思路,让表达有顺序、有层次、有重点;学会根据场合与目的,选择合适的表达方式。

客观真实的世界本来就是非线性的,人类的大脑神经系统更是非线性的,不断地质疑与批判更符合人类的生理结构,也更可能对世界的改进有真正的助益。

四、理性语文教学的课堂策略初探

(一)确立高层次思维发展的教学目标,引导学生深度阅读

快餐式、碎片式的浅阅读使得许多学生面对问题无绪,没有完整的归纳范式,欠缺合乎逻辑的表述。理性语文教学将高阶思维的发展作为一条主线伴随课堂教学的始终,引导学生建构情境模型和问题空间,聚焦主要矛盾展开分析,质疑反驳,分层合情推理,形成猜想,假设验证,最终解决实际问题。这一系列集中、丰富而深刻的思维活动,把阅读引向深入。

为促进思维发展,教师要以问题为基点,紧扣教学重难点,多角度、多方位、多层次地设计有价值的问题,引导学生在疑惑处、新旧联系处、思维转折处、规律的探索处、知识的引申处等探究,把思维和言语表达能力结合起来,培养学生语言表达的条理性和感染力,发展学生横向、类比、逆向、联想等思维能力。

教学的方法与思维的方法应该是一致的,教学可通过以下步骤引导学生展开思维:进入问题情境——提取信息,整合资料——分析综合,推理表达——反思检验。分析是为了提取文本大意,综合是为了找出文本中有价值的信息,推理需要在想象中洞察内在联系,思考成因与结论,作出判断,最优化地解决问题。在这一过程中,引导学生反思阅读过程,自己修正错误,从而学会规划阅读思路,用思维导图把阅读结果结构化、系统化。

课文是典范,教学要努力开掘文本价值,复原作者的创生意义;但文本的

一切并不都是唯美的,教师的解读也不会是最权威的,因而还要引导学生以质疑的眼光,查找文本的缺陷,努力寻找文本表意上的不足,或表达技巧的不合理。教育需要协商,语文教学增加了批判性阅读,可以引导思维再前进一步。

(二)整合意义连接的阅读材料,引导学生自我建构

教师应以发展理性思维为主线,重组教材,强调多维知识的整合,将孤立的知识联系起来,呈现框架式的弹性化内容。如在语境中表达、拓展阅读、群文阅读、单元主题阅读等,寻找多个类似或关联的文本进行相互印证、阐释,达成内容、意义以及写法特色的领悟。

整合意义连接的内容,目的在于使学习者处在一种知识产生最佳结构的状态。没有知识结构,学生学习了详细的内容却不知这些内容应该附在什么地方,所拥有的知识是零散的,在整体的意义感知上几乎等于零。教学要实现教材与整书相融通,篇篇组合,篇本组合,本本组合,单元架构,立体推进,辅导与自主相济,共读与漂读相结合,目的在于让学生有系统的眼光,获得集合式、深入的阅读感悟。

学生是言语能力建构的主体,要努力让学生在探索和发现中自主建构,实现有意义学习。如经典文本的导读,或引入原著精彩片断,进行品评论析,使学生观斑窥豹;或结合作者评传,活化先贤神采,形象演绎先贤幽思;或介绍一些拓展资料,扩大视野,使学生触类旁通;或结合名著和人生设计一些情景问题、比较问题和言语使用问题,激发争鸣和研讨,从而培养学生多维思辨的能力。引导学生在整体中去理解局部,在局部中理解整体,阅读与实践相联手,吸纳与倾吐相济,将文本中隐藏的言语资源变为实践的可能,让表达获得智性迁移。

阅读的本质在于读者可以超越自我的限制,设想尽可能多的人生,观看尽可能多的事物。通过对文本的研读,学生可以从中获取他人对人生、对社会的看法和态度,促进自我人生观、世界观的发展与完善。

(三)创设开放的"全语言"情境,引导学生个性体验

人的经验其实很有限,通过阅读,感受到生活的形形色色,更能扩展对生活的理解,增加价值判断。教师应创设开放的"全语言"情境:为学生介绍作品形成的背景,作品的基本内容,最新的研究成果、前沿和动态;引导学生在生活世界中学习语言并且将语言融入生活世界;链接已有阅读经验,引导学生基于自己的经验,进行意义和身份的双重建构……从整体角度、从语言描述的背景生活出发,在具体可感的生活情境中触摸语言、阐释语言,进而拥抱文本的表达形式、言语方式,通过模仿、涵泳、内化语言,掌握言语技能。

阅读的真正主体是学生,他们有自己的心理需求和对内容的选择权。教师要博采众长,融会贯通,充分利用信息技术,营造一种开放蓬勃的课堂教学新局面,用充满新奇、具有挑战性、能激发学习者情绪反应的氛围来引导学习,激起学生阅读的热情,引发学生强大的阅读意向。如翻转课堂、微课程教学法、读书论坛、读书 QQ 群、视频互动点评、墙面点击互评等,通过组织多主体、多层面的相互交流,在个性体验中,让学生进行深入思考,审视自己的思想和行为是否得当,提升思维品质。

学生对语言文字的敏锐感觉,只能依靠学生自己的阅读实践。教学要努力激发独立思考的心智,培养灵活的思维方式,使其看问题的视角、触点,呈现发散的态势,激发创新的心理需求。如结合生活的实践性问题,有意提出几种相左之见,让学生展开辩论;还原语境,用个性化的语言替换课文中的语言;调查研究,撰写报告,有理有据地表述自己的观点……力求尽可能多地让学生获得言语实践的历练和积淀,为说写提供资源和动力。

将价值的选择权交给学生,将生命的体验空间还给学生,让学生在丰富的体验中自由自主地表达,学会自负其责地表达,享受自我创造的乐趣。

(四)尝试以"评"为中心的读写活动,促进学生反思表达

评是读写活动的反馈与提升,是反思与表达,也是交流与分享。"母语教育,本质上是以独立评论培养现代公民。"各国政府和教育界高度关注的 PISA 阅读测试,视理性评论力为表达力的最高象征。以"评"为中心的读写活动,富有思维含量和理性魅力,学生个体的独特意义得以凸显。

评是阅读的反馈。增加反馈是提高神经元数量的最好途径,反馈策略是通过增加反馈的数量和质量促进脑学习的。评也是复述。学生无须完全原样存储所学信息,而是重在发现新学习内容与以前学习内容之间的联系。如果没有复述,就几乎没有对认知概念的长时间保持。评更是一种提升。如评改文章,是对语言的表达思路以及语言本身所产生的文字结构,也就是语脉的系统化规整。

教师要发掘多个途径,促进以"评"为中心的读写:课堂上的口述、预测、质疑、反思,以及学生讲堂、作文讲堂、名著讲堂、亲情讲堂,都是评论的形式。倾诉判断、书信交流、结构仿写、人称换写、主题辩论、编写剧本……每一种形

式的评论,都是经历自我心灵对话后的行为结果。一次成功的评论就是学生自我发现、自己创造和反思表达的历程。

以"评"为中心的读写活动,有效地促进学生反思表达。评论的过程,是一个再加工、再思考、再咀嚼的过程。学生经过观察、思考、沟通、判断,在陈述己见的过程中,不断拓展思维,增进体悟自觉,提高选择、融合等学习能力,从而优化心智结构。课堂上通过评论交流,学习成果得以巩固,师生智慧情感得以互动,人生观得以认同与迁移。

评是对说与写价值的升华。以"评"为中心的读写活动使学生在迁移中推己及人、明理善辨,使哲思之美启迪智慧,基于独立人格和自由思维的理性评论力由此茁壮成长。

五、结语

梁漱溟认为:"理智者人心之妙用,理性者人心之美德。后者为体,前者为用。"就学生个体发展而言,理性是学生心智成熟的重要标志,有利于学生个体的根本发展。理性思维是学生顺利发展和完善人生必备的心理品质之一。在公民社会中,理性是每一个公民应有的素质。为培养明理善辨的公民,语文教师要用理性武装激情,用理性来引领指导整个语文教学,在反思中寻求对策,努力构建真实高效、充满理性的小学语文课堂,成为一名睿智的领路人。

1. 深度阅读

六上《好的故事》教学设计

关键词 深度阅读

本设计搭建四个支架:理解作者思想,联系时代背景,对比同类文章,借助名家评论,为学生提供全面、关联的阅读模式,体验搜索信息、整合知识等复杂的知识获取流程,走向深度阅读。

好的故事
——统编版第十一册第八单元

一、激趣导入,整体把握

(一)质疑交流,激发兴趣

师:上节课,我们学习了鲁迅的小说《故乡》,认识了一位怎样的少年闰土?

生:见多识广。经验丰富。天真淳朴。聪明伶俐……

师:这节课让我们走进鲁迅先生的另一篇文章——《好的故事》。

生齐读课题。

师:这篇课文选自鲁迅的散文集《野草》,是一篇散文诗。

[板书:散文诗]

师:预习了课文,同学们有什么疑问? 在字词、句子理解方面有什么问题? 提出来互相交流。

生:这篇课文主要讲什么内容? 我有些困惑……

师:对课文内容不理解。

生:题目为什么要称为"好的故事"? 文章并没有写什么故事。

师:对,和我们以往学的课文不同。

生:鲁迅写这篇文章的目的是什么?

……

师:看来,同学们在理解课文内容、创作目的等方面都有困难。我们先来看看本文的创作时间。

课件出示。

> **课文全文**
>
> 一九二五年二月二十四日(圈注)

师:读书要学会联系创作时间。本文创作于一九二五年二月二十四日。20世纪二三十年代是中国现代文学的初创期,是文言文和白话文的过渡时期。鲁迅笔力深厚,写文章时白话会夹杂文言词,表达也与现在有所不同。因而现在你们读起来,有时会感觉不太好懂,也是正常的。这节课我们就要想办法去理解这篇课文。

(二)梳理字词,扫清障碍

师:老师将文中的难词整理如下,一起来读一读。

出示词。

蒙胧	瘦削	鞭爆	四近
石油	山阴道	膝髁	
乌桕	伽蓝	泼剌奔迸	

生齐读,师重点强调"瘦削"。

师:谁来说说你能理解哪几个词? 注意说出是用什么方法来理解的。

指名。

师:"蒙胧""瘦削",你是怎么猜出意思的?

生:找近义词,读音相同,写法不同。

师:这些词古今义相似,写法有不同,比较好懂。

师:"石油""山阴道",这两个词可以借助注释。

出示文中注释截图,生齐读注释。

师:"膝髁"这个词可联系上下文。

出示文中相关句子,生齐读。

师:有的同学说可以查资料,还可以猜测词义。说说你是怎么理解"乌桕"的。

出示文章几个句子以及解释图片。

指名。

师:是的,乌桕是一种植物,春秋之季叶色红艳夺目,不下丹枫。有些词用以上的方法都行不通,我们还能通过上网查阅来理解,如"泼剌奔迸"。

展示"泼剌奔迸"词义。

生齐读。

(三)初读课文,整体把握

师:理解了这些词,谁能来说说课文的主要内容?

指名。

师:先来看这两段,它们能帮大家更好地概括主要内容,齐读。

> 这个故事很美丽,幽雅,有趣。许多美的人和美的事,错综起来像一天的云锦,而且万颗奔星似的飞动着,同时又展开去,以至于无穷。
>
> 我真爱这一篇好的故事,趁碎影还在,我要追回他,完成他,留下他。我抛了书,欠身伸手去取笔,——何尝有一丝碎影,只见昏暗的灯光,我不在小船里。

师:用上加横线的语句,谁再试着来概括文章的主要内容?

指名。

师:像这样,抓住重点段落中的关键语句,能帮我们更好地概括文章内容。正如同学们所说,文章主要写了在昏沉的夜里,鲁迅先生在梦境中看到许多美丽的人和事,梦醒后他要努力追寻。

好的故事(散文诗)

梦醒　　　　梦中

昏沉的夜　　美好的人和事

现实　　→　　理想

师:鲁迅先生在许多文章中,都通过抨击黑暗的现实社会,表达对理想的追求。这篇文章则是通过描写美好的梦境,表达他虽然身处黑暗昏沉之中,仍要不懈地追求。

[板书:现实　　理想]

二、自学课文,学习"梦境"部分

(一)了解作者及时代背景

师:读鲁迅的文章,我们先要读懂他的追求。鲁迅在《自嘲》中写道:"横眉冷对千夫指,俯首甘为孺子牛。"

展示:作者追求。

生齐读诗句。

师:面对敌人,鲁迅始终以笔为武器,与黑暗社会斗争到底;为劳苦大众发声,甘于奉献。正如他这对联写的——

生再读诗句。

师:那么,他写这篇文章时所处的社会环境又是如何呢?读懂鲁迅,还要联系时代背景。

指名读背景知识。

　1925 年,当时的中国极其混乱,北京在段祺瑞政府的统治下,军阀封闭报馆,残杀爱国群众,并摧残进步文化事业。人民生活在水深火热中。中国陷入了近代历史上最黑暗的一段时期。

师:有时,社会环境是不允许自由表达思想的,在此背景下写出的文章,

读者须联系当时背景,才能读懂文章深意。了解了作者追求以及时代背景,相信大家能更顺利地完成下面的自学任务。

(二)自学课文,按要求思考并批注

出示自学要求。

> 默读课文,思考:
> 1. 课文哪两段具体描写梦境的美丽、幽雅、有趣?用括号标出。
> 2. 读最后三段,联系作者及时代背景,想想"掷下一块大石""昏暗的灯光""昏暗的夜",分别是什么意思,做简要批注。

1.指名读自学任务。

2.生按要求自学。

3.讨论交流。

指名。

生:我仿佛记得曾坐小船经过山阴道,两岸边的乌桕,新禾,野花,鸡,狗,丛树和枯树,茅屋,塔,伽蓝,农夫和村妇,村女,晒着的衣裳,和尚,蓑笠,天,云,竹,……都倒影在澄碧的小河中,随着每一打桨,各各夹带了闪烁的日光,并水里的萍藻游鱼,一同荡漾。

师:你觉得梦中描绘的一切都美丽、幽雅、有趣。

生:诸影诸物,无不解散,而且摇动,扩大,互相融和;刚一融和,却又退缩,复近于原形。

生:我体会到一种变幻的美感。

……

三、走入"梦境",掌握理解方法

(一)读重点句,粗略理解"梦境"

师:作者写了那么多美的人和美的事,他所希望的是一个怎样的社会?

生:祥和、悠闲、平静、自由、平等……

师:带上向往和期盼,读读这段课文。

生读。

> 我仿佛记得曾坐小船经过山阴道,两岸边的乌桕,新禾,野花,鸡,狗,丛树和枯树,茅屋,塔,伽蓝,农夫和村妇,村女,晒着的衣裳,和尚,蓑笠,天,云,竹,……都倒影在澄碧的小河中,随着每一打桨,各各夹带了闪烁的日光,并水里的萍藻游鱼,一同荡漾。
>
> 诸影诸物,无不解散,而且摇动,扩大,互相融和;刚一融和,却又退缩,复近于原形。

(二)联系同类文章,明确"梦境"含义

师:这些景物,这些美的人和事来自他的梦中,也来自山阴道。鲁迅为何要写家乡的风光?仅仅是对家乡的怀念吗?

指名。

师:在《少年闰土》中也有一段精彩的月夜看瓜刺猹的情节描写。

出示文段,生齐读。

> 深蓝的天空中挂着一轮金黄的圆月,下面是海边的沙地,都种着一望无际的碧绿的西瓜,其间有一个十一二岁的少年,项带银圈,手捏一柄钢叉,向一匹猹尽力的刺去。那猹却将身一扭,反从他的胯下逃走了。

师:联系文章内容,你能不能说说鲁迅理想中的社会有怎样美的人和事?

指名。

总结:正如同学们所说的,在这儿充满自由快乐,人们安居乐业。读这类深奥的文章,我们还可以联系同类文章深入理解。

[**板书**:同类文章]

(三)借助短语,描述梦境

出示课文相关词语。

> 乌桕,新禾,野花,鸡,狗,丛树和枯树,茅屋,塔,伽蓝,农夫和村妇,村女,晒着的衣裳,和尚,蓑笠,天,云,竹,……

师:谁来根据这些词,描述一下梦境中的人们过着怎样美好的生活?

指名。

师:同学们说的就如同陶渊明笔下的桃源胜境,这也是鲁迅所希望的理想生活。让我们再度走进梦境——

(四)读名家评论,体会梦境

出示句子。

大红花和斑红花，都在水里面浮动。忽而碎散，拉长了，如缕缕的胭脂水，然而没有晕。茅屋，狗，塔，村女，云，……也都浮动着。大红花一朵朵全被拉长了，这时是泼剌奔进的红锦带。带织入狗中，狗织入白云中，白云织入村女中……

齐读第 7 自然段。

师：谁能用几个词来形容这个美好的梦境？

生：美丽、幽雅、有趣。

生：自由快乐、安居乐业。

生：祥和、悠闲、平静、自由、平等。

……

师：冯雪峰是鲁迅的"战友"，也是著名的诗人，一起来看看，他是怎样评价鲁迅的《好的故事》的。

出示阅读链接。

指读评论。

一个昏沉的夜里，作者于工作之余闭眼休息的刹那间，在蒙胧中看见一幅很美丽的生活的图画，其中"许多美的人和美的事，错综起来像一天云锦"。这一幅美丽的生活图画也绝不是模糊的，而是十分清楚和真实的，它像记忆中的江南农村的美丽景色那样实在，像河岸美景倒映在澄碧的河水那样分明……作者希望着这样美丽的生活，是这篇文章的主要精神。

——冯雪峰《论〈野草〉》

师：是啊，鲁迅反复写到这些美的人美的事，不仅是对故乡的思念，更是对美的生活的渴望，对自由平等社会的向往。理解了这一点，就理解了梦境。

（五）小结学习方法

师：刚才，我们通过了解作者思想，联系时代背景，对比同类文，借助名家评论等各种方式来理解这篇文章。这些方法，不仅可用于理解鲁迅的文章，也可用于理解其他难懂的文章。

四、理解"昏沉"，感悟文章主题

（一）合作读"昏沉"的相关句段

出示句段。

> 灯火渐渐地缩小了，在预告石油的已经不多；石油又不是老牌，早熏得灯罩很昏暗。鞭爆的繁响在四近，烟草的烟雾在身边；是昏沉的夜。
>
> ……
>
> 我正要凝视他们时，骤然一惊，睁开眼，云锦也已皱蹙，凌乱，仿佛有谁掷一块大石下河水中，水波陡然起立，将整篇的影子撕成片片了。我无意识地赶忙捏住几乎坠地的《初学记》。
>
> 我真爱这一篇好的故事，趁碎影还在，我要追回他，完成他，留下他。我抛了书，欠身伸手去取笔，——何尝有一丝碎影，只见昏暗的灯光，我不在小船里了。
>
> 但我总记得见过这一篇好的故事，在昏沉的夜里……眼前还剩着几点霓虹色的碎影。

师：我们一起来读读课文的开头与结尾，老师读画了横线的部分，你们读其余部分。

师生合作读。

（二）探讨"昏沉"所指

师：这里，"昏沉"一词出现了三次，"昏沉"指什么？

同桌交流。

指名。

师：是的，当时，鲁迅经受了深刻严峻的考验，"昏沉的夜"便是黑暗的现实。如果说以往鲁迅的文章是用现实去表达对美的追求，在《好的故事》中便是用美梦去抨击黑暗的世界。

［板书：美梦→黑暗世界］

（三）联系社会背景，理解作者内心

出示补充资料。

> 1924—1926年，鲁迅经受了一场深刻严峻的考验，《新青年》杂志解体，五四新文化运动遭受了挫折。他同反动军阀及形形色色的黑暗势力斗争，面对着动荡的时局，鲁迅痛心不已，陷入深深的绝望之中。

师：此时，你们知道文中"掷一块大石下河水中"指什么吗？

生：反动军阀及形形色色的走狗们。

生：黑暗动荡的政局。

17

师：鲁迅内心矛盾、愤慨、苦痛，他并未被黑暗所击倒，而是选择用"别样的方式"去战斗。

（四）齐读句段，感悟文章主题

师：齐读第 11、12 自然段，我们一起来感受鲁迅的战斗决心。读出他的决心，读出他的勇气！

> 我真爱这一篇好的故事，趁碎影还在，我要追回他，完成他，留下他。我抛了书，欠身伸手去取笔，——何尝有一丝碎影，只见昏暗的灯光，我不在小船里了。
>
> 但我总记得见过这一篇好的故事，在昏沉的夜里……

总结：鲁迅奋起发声，与"黑暗"做斗争。他要追回这美梦，因为他爱自由，爱平等。他也是这样做的，以笔为武器……因为他——真爱这一篇好的故事！这美好的梦境，就是——

齐读课题：好的故事。

（五）总结全文，领悟学法

师：通过学习，我们知道文章描写了美好的梦境，表达了鲁迅虽然身处黑暗昏沉之中，仍不懈地追求梦想。今后，学习文章遇到困难时，可以通过以下几种方式来理解。

（指板书）生齐读学法：理解作者思想，联系时代背景，对比同类文，借助名家评论。

师：孩子们，无论身处什么困境，我们要学习鲁迅，学习鲁迅的精神，记住这句话。

课件出示。

> 希望，希望，用这希望的盾，抗拒那空虚中的暗夜的袭来……

齐读。

师：用我们的努力，去实现那一个——

齐读课题：好的故事。

【板书设计】

```
                    好的故事

        美梦 → 黑暗世界


        理解作者思想
        联系时代背景
        对比同类文章
        借助名家评论
```

（执教：厦门市群惠小学　林馨）

2. 自我建构

五上《父爱之舟》教学设计

关键词　自我建构

本设计超越灌输式学习及简单重复的技能训练，引导学生换位思考，多角度看问题，激发想象，自我提示，自我启发。在开放多维的探索过程中，自觉去触碰隐藏在习惯深处的问题，反思行为习惯、情感习惯以及思维习惯。

父爱之舟
——统编版第九册第六单元

一、借助导读，明确本文写法

（一）出示单元导读，明确写法

师：同学们，我们学习课文不仅要知道作者写了什么，还要知道作者是怎么写的。单元导读提示了这个单元应掌握的内容。

齐读。

[板书：场景描写、细节描写]

师：是呀，在这个单元中我们就是要抓住——

生：场景描写、细节描写。

师：那么什么是场景描写和细节描写呢？老师查找了资料，请一位同学来读。

课件出示。

> 场景描写就是对一个特定的时间与地点内一些人物活动的总体情况的描写。
>
> 细节描写就是对文章中细小的环节或情节进行描写，如我们很熟悉的语言、动作、神态、心理活动等。

（二）运用学法，即兴说话训练

师：举个例子来说，我们现在正在上课，这就是一个场景。谁能结合细节描写来描述我们现在上课的场景？

指名。

师：这位同学抓住了老师和同学们上课时的动作、神态，描述现在上课的场景，掌声送给他。其实，场景描写和细节描写，在日常的学习中十分常见，这节课要进一步深入学习。

二、借助小标题，理清文章脉络

（一）提炼课文主要场景

师：《父爱之舟》这篇课文分别描写了哪些场景？

指名。

课件出示。

> （1）半夜喂蚕；（2）动心换房；（3）糊万花筒；（4）背"我"上学；（5）凑钱缴费；（6）摇船送考；（7）送行缝被。

师：这七个场景写的都是谁和谁之间的事？

生：父亲和我。

［板书：我　父亲　回忆］

师：这七个场景犹如一幅幅优美的画卷，述说着我和父亲的点点滴滴。文章开头结尾是怎么写的呢？一起读一读。

课件出示文章开头结尾段，齐读。

(二)出示词组支架,概述主要内容

> 是昨夜梦中的经历吧,我刚刚梦醒!
>
> 半夜喂蚕　　动心换房　　糊万花筒　　背"我"上学
>
> 凑钱缴费　　摇船送考　　送行缝被
>
> ……醒来,枕边一片湿。

师:大家注意到结尾的这一串省略号吗? 它表示什么?

生:省略的还有其他场景。

师:文中所有的场景都是作者对父亲的回忆。谁能用上"父亲""我""回忆"这三个词来概括这篇文章的主要内容?

生:"我"通过回忆和父亲相处的几个场景,感受到了父亲对"我"的伟大而深沉的爱。

小结:文章中有多个场景,在概括时不要逐一说场景,直接用"几个场景"来概括就行。现在谁再来完整地说一说?

指名。

三、品场景细节,悟真挚情感

(一)了解任务,自学课文

师:接下来我们就借助"慢镜头"捕捉这一个个动人的场景。

出示自学要求。

> **自学提示**
>
> 认真品读七个场景,完成以下任务。
> 1. 用波浪线画出描写父亲当时的感受和态度的语句。
> 2. 用横线画出描写"我"当时的感受的语句。

指名读自学提示。

生按要求自学。

(二)反馈交流,交流父亲感受

师:你们找到了哪些体现父亲当时感受和态度的词语?

投影课文,引导学生按顺序交流,提醒学生一边交流一边在课文中补画完整。

> 1. 半夜我被臭虫咬醒,身上都是被咬的大红疙瘩,父亲**心疼**极了……
> 2. 茶房说没办法,要么加点儿钱换个较好的房间。父亲**动心**了……
> 3. 吃完粽子,父亲觉得我太委屈了……
> 4. 虽然不可能花钱买玩意儿,但父亲很**理解**我那恋恋不舍的心思……
> 5. 钱很紧,但家里**愿意**把钱都花在我身上……
> 6. 我们的船**不敢**停到无锡师范附近,怕被别的考生及家长见了嘲笑……
> 7. 父亲不摇橹的时候,便**抓紧时间**为我缝补棉被……

师:"半夜喂蚕"和"背'我'上学"这两个场景有描写父亲当时感受和态度的词语吗?

生:没有。

师:是呀,画有浓墨重彩也有轻描淡写,写文章也是这样,需要有详有略,根据主旨安排详略。

生齐读句段中画横线的词。

(三)多角度思考,体会父亲爱子之情

师:透过这些词语,我们可以感受到父亲当时挣扎的内心。想象当时的情景,你们能替父亲把心里话说一说吗?

生:当父亲看见"我"身上那一个个被臭虫咬的大红疙瘩时,他心疼极了,心想……

生:可是茶房告诉父亲没办法,只能加点儿钱换个较好的房间,父亲动心了,他心想……

生:我们家不富裕,虽然我明知道不可能花钱买玩意儿,但父亲对我那恋恋不舍的心思却是非常理解,他心想……

生:家里的日子过得紧巴巴的,钱很紧,但他愿意把钱花在我身上,他心想……

生:父亲和姑爹摇船送"我"去报考无锡师范,可是我们的船却不敢停到无锡师范附近,他当时心想……

生:送"我"去无锡师范入学的时候,依旧是姑爹和父亲轮换摇船,只要父亲不摇橹的时候,便抓紧时间为我缝补棉被,他当时心想……

……

(四)句式训练,感受父亲形象

师:透过这些描写,再联系当时的情景,你们能感受到这是一个怎样的父亲吗？谁能用上句式来说一说？

　　课件出示，学生交流。

[板书：心疼、理解、疼爱、操劳……]

1. 半夜我被臭虫咬醒，身上都是被咬的大红疙瘩，父亲**心疼**极了…… 2. 茶房说没办法，要么加点儿钱换个较好的房间。父亲**动心**了…… 3. 吃完粽子，父亲**觉得我太委屈**了…… 4. 虽然不可能花钱买玩意儿，但父亲很**理解**我那恋恋不舍的心思…… 5. 钱很紧，但家里**愿意**把钱都花在我身上…… 6. 我们的船**不敢**停到无锡师范附近，怕被别的考生及家长见了嘲笑…… 7. 父亲不摇橹的时候，便**抓紧**时间为我缝补棉被……	节省到极点、冤枉钱、要我念好书 当个教员、钱很紧、怕被嘲笑、长期卧病的母亲 这是一个 ＿＿＿＿＿＿＿ 的父亲。尽管 ＿＿＿＿＿＿＿， 他 ＿＿＿＿＿＿＿＿＿＿。

四、换位思考，体会作者感受

(一)联系上下文，交流作者当时感受

　　师：是啊，这是一个心疼孩子、理解孩子、竭力为孩子付出一切的父亲！一个日夜操劳、克勤克俭、一心期盼孩子有出息的父亲！浸润在这浓浓的父爱之中，作者吴冠中又有怎样的感受呢？

　　根据学生交流出示。

1. ……但我年纪虽小却早已**深深体会**到父亲的艰难，……我反正已被咬了半夜，只剩下后半夜，就**不肯**再加钱换房子。   　　2. 我多馋啊！但**不敢**，也**不忍心**叫父亲买。   　　3. 这是我第一次**真正心酸**的哭，与在家里撒娇的哭、发脾气的哭、打架的哭都大不一样，是人生道路中品尝到的**新滋味**了。   　　4. 我什么时候能够用自己手中的笔，把那只载着父爱的小船**画出来**就好了。

(二)导读句子,体会作者情感变化

师简述原因,学生读四句话。

师:父亲看见"我"身上都是被臭虫叮咬的大红疙瘩,想加点钱给"我"换个较好的房间——

生:父亲平时节省到了极点,自己是一分冤枉钱也不肯花的。

师:庙会上,卖小吃的挤得密密层层,各式各样的糖果点心、鸡鸭鱼肉都有,我和父亲都饿了——

生:我多馋啊!但**不敢**,也**不忍心叫**父亲买。

师:父亲想方设法凑钱为"我"缴学费,他送"我"到学校,替"我"铺好床。当他回家时,我偷偷哭了——

生:这是我第一次**真正心酸**的哭,与在家里撒娇的哭、发脾气的哭、打架的哭都大不一样,是人生道路中品尝到的**新滋味**了。

师:姑爹的小渔船虽然没有绍兴乌篷船的精致,但它仍是那么亲切,那么难忘——

生:我什么时候能够用自己手中的笔,把那只载着父爱的小船**画出来**就好了。

(三)句式训练,体会作者复杂情感

师:透过字里行间,当时的我有着怎样的感受?能结合句式来说一说吗?出示句式。

同桌互说后指名。

1.……我年纪虽小却早已深深体会到父亲的艰难,……我反正已被咬了半夜,只剩下后半夜,就不肯再加钱换房子。	当时,我＿＿＿＿＿＿＿;
2.我多馋啊!但不敢,也不忍心叫父亲买。	当时,我＿＿＿＿＿＿＿;
3.这是我第一次真正心酸的哭,与在家里撒娇的哭、发脾气的哭、打架的哭都大不一样,是人生道路中品尝到的新滋味了。	当时,我＿＿＿＿＿＿＿。
4.我什么时候能够用自己手中的笔,把那只载着父爱的小船画出来就好了。	……

师点拨:感恩、激动、敬重、理解、心疼、爱戴、压力、渴望回报、思念、愧疚、重任在肩……

(四)导读主题句,体会文章中心

师:是啊,当节俭的父亲想加钱换房时,"我"感激但也理解他,坚决不肯;

当饿极了的父亲只为儿子买一碗豆腐脑却一口也舍不得尝时，"我"心酸而感动；当家里四处拼凑出一点学费助我上学，看着操劳的父亲为"我"铺床时，"我"对他的敬重化为沉重的压力……作者想起父亲时，心里就是这种五味杂陈的滋味。对他来说，这是一种新的滋味。于是他在文中这样写到——

出示句段，生齐读。

> 这是我第一次真正心酸的哭，与在家里撒娇的哭、发脾气的哭、打架的哭都大不一样，是人生道路中品尝到的**新滋味**了。

师：作者吴冠中第一次品尝到了这种新滋味，以至于后来他产生了这样的想法——

出示句子，齐读。

> 我什么时候能够用自己手中的笔，把那只载着父爱的小船画出来就好了。

（五）联系相关背景资料，理解课题"父爱之舟"

师：这父爱之舟，作者画出来了吗？为什么至今未能成形？

生：小舟里承载了太多的父爱，所以作者给这篇文章取的题目就是"父爱之舟"。

生：每次作者想要画这小舟时，便想起与父亲相处的点点滴滴，想起此时父亲已经永远地离开了他，内心悲伤不已。

生：这条小舟里同样承载了父亲对他的期许。

……

师：父亲一直以来都希望儿子能好好读书，将来成为一名教员。作者吴冠中有没有如父亲所愿，最终成为一名教员呢？请大家默读原文的后半部分。

出示补充资料，生默读。

> 师范毕业生当个高小的教员，这是父亲对我的最高期望。但师范生等于稀饭生，同学们都这样自我嘲讽。我终于转入了极难考进的浙江大学代办的工业学校电机科，工业救国是大道，至少毕业后职业是有保障的。幸乎？不幸乎？
>
> 由于一些偶然的客观原因，我接触到了杭州艺专，疯狂地爱上了美术。正值那感情似野马的年龄，为了爱，不听父亲的劝告，不考虑今后的出路，毅然转入了杭州艺专。从此沉浮于茫无边际的艺术苦海，去挣扎吧，去喝一口一口失业和穷困的苦水吧！我不怕，只是不愿父亲和母亲看着儿子落魄潦倒。
>
> ……醒来，枕边一片湿。

师：从这段文字的描述中我们知道，最终作者为了心中所爱，未从父亲之愿，毅然投身于艺术的苦海之中。

出示吴冠中简介，指名读。

师：尽管他后来在艺术方面取得了很大成就，但心中饱含着对父亲的思念、感激，更有那深深的愧疚，使他始终无法画出那条小船，所以他才会这样感叹——

出示句子，生齐读。

> 我什么时候能够用自己手中的笔，把那只载着父爱的小船画出来就好了。

五、回顾全文，启发想象

（一）师生共读，回味亲情

师：父亲对儿子那伟大而深沉的爱，儿子对父亲的感激、思念与愧疚，都融入了这七个感人肺腑的场景之中。在梦境中，作者仿佛又看到了父亲——

生齐读：半夜喂蚕；动心换房；糊万花筒；背"我"上学；凑钱缴费；摇船送考；送行缝被。

（二）联系实际，展开想象

出示名言。

> 父亲可以牺牲自己的一切，包括自己的生命。——达·芬奇
>
> 恐惧时，父爱是一块踏脚的石；黑暗时，父爱是一盏照明的灯；枯竭时，父爱是一湾生命之水；努力时，父爱是精神上的支柱；成功时，父爱又是鼓励与警钟。——梁凤仪

师：是啊，父爱，是一条船，它承载的太多太多，正如著名画家达·芬奇所说的——

生齐读：父亲可以牺牲自己的一切，包括自己的生命。

师：也正如著名作家梁凤仪描述的这样——

生齐读：恐惧时，父爱是一块踏脚的石；黑暗时，父爱是一盏照明的灯；枯竭时，父爱是一湾生命之水；努力时，父爱是精神上的支柱；成功时，父爱又是鼓励与警钟。

师：父爱如山，父爱无言。最后，让我们与作者吴冠中再次走进那令他魂牵梦萦的场景——

出示句段,师生合作配乐读。

> 师:我从舱里往外看,父亲那弯腰低头缝补的背影挡住了我的视线,
> 生:这个船舱里的背影也就分外明显,永难磨灭了!
> 师:不仅是背影时时在我眼前显现,
> 生:鲁迅笔底的乌篷船对我也永远是那么亲切。
> 师:虽然姑爹小船上盖的是破旧的篷,远比不上绍兴的乌篷船精致,
> 生:但姑爹的小渔船仍然是那么亲切,那么难忘……我什么时候能够用自己手中的笔,把那只载着父爱的小船画出来就好了。
> 师:……醒来,
> 生:枕边一片湿。

【板书设计】

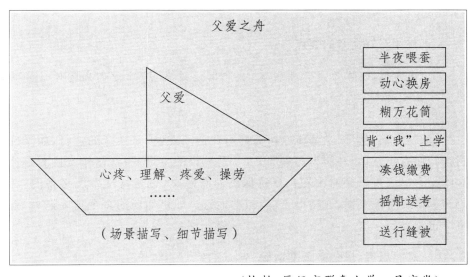

（执教:厦门市群惠小学　吴宁岚）

3. 个性表达

六上《有你，真好》习作讲评设计

关键词　求同存异

基于互联网时代交流的特点,本设计引导学生学会将自己置于别人的立场中,以别人的思想、眼光看世界,求同存异。这样,不断完善自己,接受不同的观点冲击而不动摇。这种包容的心态,有助于学生在不确定的未来中,自己选择,自己负责,更有效地探索未知的世界。

有你，真好
—— 统编版第十一册第八单元

一、交流写好文章的要点

师:同学们,现在已是六年级了,我们写过许多习作,你们感觉什么样的文章才算是好文章?

指名交流。

小结:看来很多同学都能抓住写好习作的要点:一是文章的选材,如果选材独特而有新意,立马能为文章加分;二是文章的主旨,写这篇作文目的是什么? 是为了表现怎样的主题? 立意深刻而有意义,也是好文章所必备的;三是写起来要有理有据、详略得当,能扣动人心。如果你还能多个角度描写,就更厉害了。

二、对比思考,学会多角度选材

(一)比较感悟,聚焦选材

师:此次作文,大家的选材可谓多种多样,老师摘录了其中的一部分。交流的时候,思考这个问题:你感觉哪几个选材比较有新意? 为什么?

课件出示。

> 1. 同学在比赛中为班级争光
> 2. 妈妈原谅犯错的我
> 3. 陌生人在我困难的时候帮助我

4. 妈妈、爸爸带我看病

5. 妈妈在雨天接我，被雨淋湿

6. 老师辅导我、鼓励我、关心我

7. 同学在我没带东西时、生病时帮助我

8. 清洁工辛勤工作

9. 交警在恶劣天气中坚守岗位

10. 父亲开导和妈妈吵架的我

11. 卖糖画的爷爷遵守诺言，为我保留糖画

12. 童年玩具隐藏着快乐的回忆

13. 同桌和我一起学习，共同进步

14. 爸爸为了我鼓起勇气上台发言

15. 网络给了我一个自由抒发的空间

16. 志愿者叔叔在台风后清理树木

17. 小狗安慰考砸的我并给我面对的勇气

……

师：同桌先讨论，哪些选材吸引你？为什么？

指名。

(二)归类对比，发现最优选材的特点

师：你们说的老师基本赞同，老师把上面的选材按等级归类了。请看——

课件出示。

1. 爸爸为了我鼓起勇气上台发言

2. 父亲开导和妈妈吵架的我

3. 同学在比赛中为班级争光

4. 同桌和我一起学习，共同进步

5. 小狗安慰考砸的我并给我面对的勇气

6. 童年玩具隐藏着快乐的回忆

7. 网络给了我一个自由抒发的空间

8. 志愿者叔叔在台风后清理树木

9. 卖糖画的爷爷遵守诺言，为我保留糖画

10. 妈妈原谅犯错的我

11. 老师辅导我、鼓励我、关心我

12. 同学在我没带东西时、生病时帮助我

13. 清洁工辛勤工作

14. 交警在恶劣天气中坚守岗位

15. 陌生人在我困难的时候帮助我

16. 妈妈、爸爸带我看病

17. 妈妈在雨天接我,被雨淋湿

师:画横线的选材,是老师最喜欢的,觉得这些选材最有吸引力。现在,你从中发现选材要注意什么?

指名。

(三)小结选材的注意事项

师:从刚才的讨论中,我们知道,好的选材,应该有时代气息;能避开众人所写的,如大多数同学写了父母、同学,而有的同学就别出心裁地写了玩具、小动物;还有,能选择大时代中的典型人物,比如疫情中的志愿者……总而言之,新颖的选材,必须独特而具有时代气息。

[板书:新颖]

师:有些选材为什么很普通,让人看过就忘记? 因为都是耳熟能详的,不容易写出彩,要尽量避开它们。

三、深入思考,指导确立文章主题

(一)结合审题,确立主题

师:有的文章选材不是很新颖,但作者能深挖主旨,依然能写得出彩。

课件出示习作要求。

师:本次习作题目是"有你,真好",我们可以描写父母之爱、同学之爱、师生之爱……下面是同学们由所选材料中提炼出的主旨,你觉得最别致的主旨是哪个? 为什么?

课件出示。

小组讨论。

1. 爸爸为了我鼓起勇气上台发言(父爱无畏)

2. 父亲开导和妈妈吵架的我(亲情)

3. 同学在比赛中为班级争光(团队精神)

4. 同桌和我一起学习,共同进步(双赢)

5. 小狗安慰考砸的我并给我面对的勇气(温暖)

6. 童年玩具隐藏着快乐的回忆(童年趣味)

7. 网络给了我一个自由抒发的空间(自由思考)

8. 志愿者叔叔在台风后清理树木(默默奉献)

9. 卖糖画的爷爷遵守诺言,为我保留糖画(信守承诺)

(二)讨论,学会同一选材可有不同主题

指名,针对自己的选材,说说可以提炼出的主题,以及这一主题的优劣。

(三)小结好的主题标准

师:好的主旨除了真实感人,也要对读者有所启发,有所教育。比如,很多同学都写别人为自己做了什么,但如果能赞扬为团队、为社会做出贡献的行为,比起对自己有帮助,格局更大,立意自然更高。

课件出示:立意深刻。

四、片段指导,如何写详细

(一)指导写好开头结尾

师:很多文章立意都在开头结尾体现出来,这就是我们平时所说的,开篇点题,篇末点题,首尾呼应。现在老师选出了三篇习作的开头结尾,一起来读一读、评一评。

课件出示,指名点评。

师穿插点评。

师:我们读完这三个开头结尾,就能知道好的开头,许多都会点明主旨,写得简洁有力。阅读文章的人,最先留意的是开头结尾。好的开头结尾,能提升思想、深化中心,升华主题。但尤其要注意,开头结尾一定要简洁,简洁才能有力。把细节描写放在中间部分,这就是所谓的"凤头猪肚豹尾"。

(二)展示精彩的细节描写,引导写详细

师:我们知道了如何选材,如何突出主旨,以及如何把握好开头结尾,现在我们来看看如何写详细,为文章增色。老师从你们的习作中选择了两个精彩的片段。

出示生习作片段,指名读。

师:谁来评评这些片段? 哪些地方值得学习?

指名点评。

31

师：孩子们，人物是会说话会做事有想法的。在一篇文章中，没有对话就如同无声电影，而太多对话则会让人感觉单调。另外，没有细节描写就如同我们看电影都是远镜头，就不生动。所以描写人物的时候，要通过语言、动作、心理、神态、外貌，进行多角度描写，塑造独特的人物形象。老师所选的这两个片段，在这方面可以说是典范。

出示生习作片段，指名读，生评议。

师：很多同学只写了对方是如何优秀，而未能描写其对"我"产生的影响。其实，不但要正面描写人物的典型言行，也要能从侧面写出对"我"产生的影响。我们再来看这一个片段。

出示片段，指名读，后评议。

(三)展示详略得当的全篇范文，引导安排文章构架

师：有没有全篇习作都写得很不错的呢？好不好要看大家的评价，老师挑选了一篇，请大家评一评。

出示优秀习作全篇，指名习作者朗读。

师：这篇文章从构架来说有什么特点？它的详略是怎样安排的？说一说。生评。

(四)小结把一件事写详细的注意点

师：根据刚才展示的几个片段，结合大家的评议，谁能说说，写好一篇作文还必须注意什么呢？

同桌讨论后指名。

五、对照标准，反思并修改习作

(一)自评并互评习作

师：对照刚才的评议，你看看自己的习作哪方面做得最好？哪方面还不够？还能从哪几方面修改提升？

生自读习作，思考，修改。

(二)对照修改要求再改习作

师：鲁迅说过，好文章都是改出来的，写完习作要自己反复阅读，不断修改。请对照修改要求，一步步进行自改。

课件出示修改要求。

1. 开头吸引人吗?
2. 这篇作文的顺序是什么?
3. 有没有更好的语句表达?
4. 文章的主要内容与主题有关吗? 哪里还可以写得更详细?
5. 文章的结尾如何? 是否让人回味?

六、总结全课,提炼方法

师:孩子们,通过今天这节习作讲评课,我们学会了一篇好文章应该有的几个标准。构架文章时,要注意详略得当,才能更好地突出主旨。最后老师想说,这次习作是一次重温感动的过程。每个人的身边都有这样几位令我们不禁感叹"有你,真好"的人。因为他们,我们的生活才更温暖。但换个角度想一想,我们自己是否也可以成为别人信赖的人? 成为一个给别人带去欢乐和幸福的人?"有你,真好"是相对的,我们接受关爱,也要付出关爱。所以,这次习作引发我们去关注身边事、身边人,让我们的生活充满爱,更美好。

【板书设计】

有你,真好!

选材新颖独特

立意深刻高远

构架详略得当

描写细致入微

(执教:厦门市群惠小学　郑婉祺)

第二章　聚焦段篇，强化整体思维能力

阅读教学要聚焦段篇,关注整体思维能力的培养。任何文本都是一个完备的自足的系统,上下勾连、前后照应,唯有立足篇章,方能透彻理解文本主旨。关注整体思维训练,引导学生着眼全局,多元链接,综合运用学过的各种语文知识,调动语感,进行深度学习,必能活跃思想,顺应条理,纲举目张,尽收水到渠成之效。

一、关注行文结构,培养全局视野

一个优质的文本,思路清晰,结构合理,各部分之间互相联系、互相补充、互相协调。因而,要准确深入地理解文本,必须抓住文本的内在联系和整体构架,即透过文字,看到作者的思维框架。

有了对文本的整体把握,先行具备了该文本的知识框架和行文结构,就很容易走进作者的思路,明了文章的句段关系,理解作者是如何通过呼应、伏笔、悬念等手法,处理好情节、情感、思想等问题,快速有效地把握文本的精神实质。站在篇章的高度,对不同文章内部结构的各种组合方式不断地比较、同化、顺应,最终内化,即可举一反三,真正实现发展。

研读教材时,教师应把目标指向引领学生厘清文本的结构布局,了解文章的表达方式,并能在实践中运用。如统编版四下《扁鹊治病》一文,相似情节反复出现,教师要引导学生抽取文章主干,发现扁鹊每一次劝告的不同点,体会情节的不断深入。从"时间,观察,病情,蔡桓公的反应"等几个维度,用表格整理出来,感受故事情节虽在同一框架里,但是在不断发生变化,情节的变化使故事不断走向深入。

在整体入手、了然全局之后,引导学生观察这种相似情节反复出现的课文,找到规律,综述概括。学会用"多次""执意不听,越来越……"概括课文主要内容,避免用"第一次……第二次……"这样的词。这样,学生在把握全局之后,沿着"比较差异—发现特点—归纳特点—运用巩固"的学习过程,不断提升语言能力。

　　科普文章一般有着很强的逻辑性。比如统编版四下《蝙蝠和雷达》,就按照"提出问题—反复试验—受到启发—有所发明"这个框架来写。与本单元《黄河是怎样变化的》相呼应,《黄河是怎样变化的》作为说明文,从"怎样变化—变化原因—治理方案"三方面有条理地写出了黄河的变化。教学时更应关注文章构架布局,可于读前猜想表达特点,初读探寻特别构思,细读领悟表达之妙,在探寻文章结构与表达方法的过程中逐步形成独特的言语知觉与心智。

　　从文章整体出发,看到文字背后的谋篇构段方式,梳理出文章的情节,清晰地把握结构,学生说话写作时,便能留意情节的铺设与结构安排。如统编版三上《秋天的雨》一文,可把课文的每一段的中心句抽取出来,变成一首小诗,再让学生观察这些句子在课文中的位置。学生发现每一段的中心句都在第一句,从而学习这种总分的构段方式。而在全文中,最后一段是全文的总结句,可让学生初步理解谋篇的常见方式——总结全文,篇末点题。

　　像这样,关键词重构、词语串联、各段总述句组合;或将感悟关键词与概括主要内容有机结合;或是抓住文章中的中心句、总起句、重点句、过渡句;或提炼小标题等,从文本的整体出发,抓住关键问题,以点现面,可以自主而有效地把握文本。

　　走出文本,理清不同课文所固有的层次和结构,组成认识之网,才能认清事物的全貌。久而久之,学生就能学会跳出框框,通观全局,合理地布局行文结构,避免头重脚轻,并清晰地罗列层次,形成全局意识。

二、提取主干问题,把握解读关键

　　一篇文章,从字词句段篇到语修逻,可教的内容很多。教师要善于抓住牵一发而动全身的"牛鼻子"展开教学,其余内容则一带而过。即根据文章的体裁和内容,抓住最根本、最精华、最能代表文章特色的内容,抓住文本中的关键知识点,设计一个主问题,这个主问题能够起到"联体—拎线—聚点"的作用,不仅有助于理解文章主旨,而且能使学生在对文章整体内容和基本框架的把握上提纲挈领,纲举目张。

　　语文的学习内容,精略本无凭,依目标取舍之。教师要围绕本组课文的人文内涵点、知识能力点来进行取舍、集中。厘清文本内在关系,提取相关信息,罗列构成要素,进行信息整合,形成一个有机的整体向学生呈现。如统编版四上《为中华之崛起而读书》一文，围绕"耳闻不振，目睹不振，立志振兴"三个方面写，其中详写第二、三方面。重点可教学"目睹不振"这部分，一是引导学生通过场面描写，列举不同人在同一事件中的不同表现；二要引导联系背景，想象"妇女哭诉什么？中国巡警如何护着洋人？洋人当时的动作、神态？围观者可能想什么……三要提醒学生，任何想象都不是凭空的，都是为了说明一个主题，要围绕"中华不振"这一主题来想象。在学生充分想象之后，出示填空题，让学生口头填空：

妇女 _____ ，是因为中华不振；

巡警 _____ ，是因为中华不振；

洋人 _____ ，是因为中华不振；

围观者 _____ ，是因为中华不振。

像这样抓住"目睹不振"这一关键点展开教学，其他内容的理解便水到渠成。学生学会了提取文本大意，找出文本中有价值的信息，在想象中洞察内在联系，推理成因与结论，获得文本的深层意义。

文章往往会有一些突出文本内涵的重点难点的关键字眼、短语或句子，教师要抓住这些最能折射全文的语段，引导学生反复诵读感悟，追索文本核心，从一篇走向多元，在此过程中，学会提出问题、尝试推论并作出联系。

如统编版四上《巨人的花园》一文，让学生找出写巨人心理变化的几个词，重点引导学生感受巨人的心理变化过程："巨人的孤独（赶走孩子后，花园成了冬天，为什么这么冷）—不解（第二次赶走孩子后花园突然被冰雪覆盖）—心里火辣辣的（小男孩凝视巨人）—终于明白—温暖和愉快—无比的幸福。"让学生对照课文，找到每一种心理感受的原因，再指导读出巨人的感受。这几个表示巨人心情变化的词语，支撑起一段集中、丰富而深刻的思维活动，学生在接触这些具体可感的语言材料的基础上，逐渐理解童话的主旨："与人分享的快乐，是最大的快乐。"这样，引导学生梳理出文章的思想感情线索，不仅有助于准确把握文本，也可大力提高教学效率。

又如统编版二上《"红领巾"真好》一文，三节诗各围绕"快乐、活跃、爱护"三个词来写。教师可板书这三个词，出示三个句子让学生补充完整：

"小鸟很快乐，它们一会儿 _____ ，一会儿 _____ ；

小鸟很活跃，它们 _____ ， _____ ；

我们要爱护小鸟，因为＿＿＿＿＿＿＿＿＿＿＿＿＿＿＿＿＿＿＿＿。"

这样，既能把三小节诗用自己的话再复述一遍，学会同一个意思用不同的表达方式；也能训练学生围绕关键词把一个意思说详细；同时能突出诗的主旨，让学生在不知不觉中领悟"爱护环境、保护动物"的主题。

语言学习常常是举三而反一，是在巨大数量的语言例子的反复撞击、刺激下，才点点滴滴说出来，成年累月无限量地加大后，才奔涌而出。正因如此，教师更需大胆取舍，删繁就简，从具有典型意义的语言材料入手，抓住主干问题展开教学，方能多侧面、多因果地把握文本的整体。正如美国数学家哈默顿所说："阅读的艺术就是怎样略过不必阅读的部分。"

三、理清叙述层次，发展段篇意识

一个好的文本，其起承转合形成左右贯通、前后勾连的连贯衔接，文本内部具有清晰的逻辑关系。在了解行文结构、把握文章主要内容的基础上，教师要引导学生理清文章的叙述顺序，感悟组句方式、构段方式，按一定标准把文章划分成几部分，以板块的方式呈现。这种方式呈现的内容具有弹性化和框架式的特点，为思维提供足够的自由度，学生可以根据表达需要自由重新组合，从而认识到语篇不仅是一种语言建构，更是一种意义建构。让学生既掌握语篇的图式结构，又理解语篇的建构过程。

不同文体、不同结构的文章，其组句方式、构段方式都有一定规律。如记叙文有顺叙、插叙、倒叙、补叙这几种叙述顺序，按时间或地点或事情发展顺序等来叙述；说明文一般根据事物特点从几个方面说明；议论文则大多按"提出论点—摆出论据—展开论证"来论述。教师要引导学生在头脑中构造不同文体的图式结构，使学生了解各类体裁文章的特点及学习程序，将知识以整合的、情境化的方式存储于记忆中。

划分意义段是理清叙述层次的一个重要方法。如统编版四上《搭石》一文，可分为：说搭石—摆搭石—走搭石—赞搭石。教师要引导学生进一步思考：这样的叙述顺序有什么好处？可以调换顺序吗？为什么？从篇的角度去思考叙述顺序，之后再来理解"协调有序走搭石"这部分，让学生明白，即便是一段话，也是严格按一定思路来写的：为什么要协调有序—怎样做到协调有序—协调有序带来了怎样的美感。这样层层深入走进文本，领会文章的句子之间、段落之间的组合方式，形成段感、篇感。

　　为更好地把握文章的句群、段落的组合方式，教师还可以引导学生关注文章中一些特殊的语句，如有序数词（首先、其次）或概括词（总而言之）的句子；抓住文章的中心句、总领句、过渡句等来概览全文；读透文章的首段、尾段及过渡段，以再现作者的谋篇线索……当然，要提醒学生注意，用不同的标准，划分的意义段会有所不同，一旦选择了一个标准（如按地点变换来划分），就要贯穿到底，从小培养缜密的思维能力。

　　走进作者的思路，理清文章的层次，让学生明白，文本的内部结构可以根据作者的想法进行各种复杂的组合，这种组合方式是无穷无尽的。学习文本，就要学习这种思考方式，掌握其组句方式、构段方式，发展篇章思维。有了篇章思维，就能实现突破与超越，为个性化表达提供广阔天地。如统编版二上《假如我有一枝马良的神笔……》一文，诗的三小节分别为受冻的小树、饥饿的小鸟、残疾的小朋友画上太阳、谷粒及一双好腿。教师要引导学生发现，诗的三小节分别从植物、动物、人三个角度，体现关爱他人关爱环境，在做句子训练时，也要从不同的角度来补充。教师可出示如下句式：

　　假如我有一枝马良的神笔，

　　我要画_____，

　　让_____。

　　上述句式可同时出现三段，引导每个学生都能一口气说上三段，注意从为植物、为小动物、为身边的人做好事三个维度来练习。这样有利于培养初步的谋篇构段能力，发展逻辑思维。而使用句串，有一定深度，有选择余地，有灵活使用词句的空间，能引导学生的思维再向前一步。

　　总之，理清叙述顺序，就是要引导学生关注文本的结构，把握文本的重要支撑点，初步理解各段落之间的关系以及各句群在文本中的作用，使思维更加有序，更有层次。

四、辨析内在联系，导向深度阅读

　　整体思维强调在分析处理问题时，基于整体，跳出框框，抓住系统内各要素之间的内在联系综合考虑，以求得最优化效果。因此，教学中要注重知识整合和多元连接，要引导比较选择和质疑辨析，要重视融合迁移和总结应用，以达到举一反三、触类旁通。

为此,教师要充分发掘各种教学资源,对教材进行多向立体延伸:一方面,提供广泛的人文资源与人文素材,如与文本相近、相关的作品,作品的多个层面等;另一方面,导入学生丰富的生活体验,将课堂教学延伸到生活中,以建立新旧知识之间的联系,消除表达的陌生化,形成自我对知识的理解,建构新知序列。这样,让先前的学习隐含着后续学习所需的听说读写知识技能态度,后续学习对先前习得进行梳理、融合与提升,从而学会联系前后知识,把问题放在前后有联系的情景中解决。

如统编版五下《威尼斯的小艇》一文,写出了小艇、威尼斯人、城市三者的密切联系。这座水城独有的风情与别样的画卷,源自小艇。对于作者为何而写、如何选材,教师可作深入的引导。出示文章第5、6自然段,找出段中所写的人:商人、妇女、孩子、保姆、老人及全家、观众……然后引导学生理解:因为威尼斯是商业中心,才有行色匆匆的商人;因为其风光迷人,才有高声谈笑、休闲郊外的妇女孩子;因其有浓厚的宗教文化氛围,才有做祷告的老人一家;因其是艺术名城,才有夜半散场后的观众……

威尼斯这座风光迷人的艺术名城,其文化已渗入威尼斯人生活的方方面面。通过这样的阅读,学生发现作者选取人物的独具匠心,领悟"艇""人""城"之间的关系,从而体会到作者巧妙地利用威尼斯小艇,串联起这座历史名城的独特风情和浓郁文化,并且领悟"文章的选材应该围绕写作目的"。

比较让读写走向深刻。当学生将不同事物或事物的多个侧面相互联系时,内部的思维活动逐渐显现和展开。教师应激活学生已有的知识链条,使学生能搜索、加工相关信息,并能比较、选择、反思不同的信息加工方式和认知策略。如统编版三上《盘古开天地》一文,先让学生想象"漆黑一片"是怎么样的,"宇宙混沌"是一种怎样的情形。感悟神话的神奇夸张之后,引导学生思考不同国度的神话故事中创世纪开天辟地的偶像各有不同,展示古印度、古希腊、欧洲、美洲的各种创世纪传说中的偶像如巨蛇、巨树等。再引导学生了解科学家研究的人类的起源……

像这样通过自身内涵比较、同类对象比较、联类引申比较,不但有助于认识事物的本质特点,拓展思维空间,也让学生感悟到,事物不是孤立存在的,世间万物相互关联,平衡相对,彼此依存。

又如统编版六年级下册《卖火柴的小女孩》,写了小女孩的四次幻象。要体会小女孩为何会依次出现这样的幻象,就需要了解小女孩生活的现实,因为每一次幻象都映照着冷酷的现实。学生找到"她的一双小手几乎冻僵了""她哆哆嗦嗦地向前走""她的脚冻得青一块紫一块"等句子,通过朗读,感受小女孩的可怜无助、生活的悲惨,再来读她的幻象:"这是一道奇异的火光!……"四次幻象,四次对比,这种鲜明的反复对比,触动学生的心弦,让他们懂得幻象的出现是有背后深刻的原因的。学会透过现象,去寻找事物的本质,去探查现象背后的真实原因,从而理解童话的特点:用美好的想象与残酷的现实形成鲜明的对比。

深度阅读着意学习过程的建构反思,重视学习的迁移运用和问题解决,即运用原有的知识经验对新知进行分析、鉴别、评价。教师要引导学生在理解阅读的基础上进行批判阅读,从不同角度来理解文本,周密地思考,鉴定问题所在,并提出足够的理由和证据;能综合相关信息形成猜想和假说;能联系文本及生活论证自己的推论结果;勇于质疑,善于自我校正。

总之,思维的整体性强调开放,敞开"思维大门",加强与来自不同方面的信息的交流,善于吸取有价值的成果,唯有如此,才能全面把握事物的本质。阅读教学聚焦段篇,发展整体思维能力,学生学会通观全局,抓住关键,知微见著,用联系和发展的眼光分析问题,从而获得终身受益的能力。

4. 抓主问题

四上《陀螺》教学设计

关键词 抓主问题

本设计紧扣"陀螺导致的心情变化"这一主问题,"牵一发动全身",提纲挈领,一线串珠,层层追问,思疑结合。课堂阅读活动呈"板块式"结构,达到既整体阅读,又多角度理解,突破重点。学生共同参与、广泛交流,在更广更深的思维活动中积累丰富经验。

陀螺
——统编版第七册第六单元

一、联系生活,激趣导入

出示课题。

齐读课题。

师:同学们,看到课题,你会想到什么? 谁来说说你知道的陀螺?

指名。

师:让我们一起走进课文,看看作者高洪波都写了关于陀螺的哪些事。

二、检测预习,整体把握

(一)简介作者,检查预习情况

师:课前老师已经让大家先去了解作者,老师这里也找到了作者的简介,请一位同学读一读,我们简单了解一下作者。

出示作者简介,指名读。

师:下面是本课生字词,先请全班同学一起读一读,等会再抽读。

出示本课生字词,抽查,正音。

(二)自读课文,理清思路

1. 出示自学提示,尝试批注。

> **自学要求:**
> 默读课文,课文围绕陀螺讲了哪些事? 用简短的词标注出来。

指名读自学提示。

生按要求自学。

2. 概括小标题,理清脉络。

指名交流,理出文章脉络:

说陀螺→做陀螺→得陀螺→斗陀螺→悟陀螺

3. 依据小标题,概括课文主要内容。

师:同学们,这篇课文很长,但是一系列事情都是围绕陀螺展开的。谁能根据黑板上的小标题,再用简练的语言来概括一下课文的主要内容?

指名。

师:其他同学也像这位同学一样,自己试着说一说。

小结:同学们,像这样依据小标题,用简练的语言来串说,也是概括课文主要内容的一种方法。以后的学习也可以借鉴这种方法。

4. 点明文章线索。

师:一个小小的陀螺,包含了作者童年多少喜怒哀乐! 这个小小的陀螺其实就是本文叙述的中心,它在课文中反复出现,其实它就是课文的什么?对,就是课文的线索。

三、重点研读,探究作者心理变化

1. 出示学习要求,生自学。

> 自学要求:
> 1. 根据"说陀螺→做陀螺→得陀螺→斗陀螺→悟陀螺",把课文分成五大部分,用"//"标出来。
> 2. 请用横线画出表现"我"心情变化的句子,并在旁边用一个词批注心情。

指名交流自学情况。

2. 提纲挈领,理清意义段。

师:围绕陀螺发生的这几件事,可以把课文分成相应的几个部分。从这里,你发现了快速掌握长篇课文的内容的方法吗?

生:找到线索。

生:抓关键词。

……

3. 交流批注,体会人物心理。

出示心情变化的句子。

师:请几位同学分别来读这些句子,说说可以用哪些词语来概括作者的心情变化。这些词也可以做批注的。

生交流讨论。

4. 总结批注方法。

出示本课所用的批注方法。

> 体会人物心情的批注方法:
> 1. 重点词在文中的关键句中;
> 2. 大多需要总结概括后,再提炼出一个词;
> 3. 复杂的心情可用多个词语来表达;
> 4. 联系上下文,把自己当作文中人物来体会。

5. 创设情境,师生合作朗读课文。

6. 说话练习,补白作者的内心活动。

四、聚焦斗陀螺，体会场面描写的妙处

1. 出示自学提示，生自学。

> 自学要求：
> 默读第 8～12 自然段，用波浪线和双横线，分别画出斗陀螺的过程中，"我"和对方不同表现的语句。

2. 出示所画的两组句子，同桌互读。
3. 根据提示，自由说说斗陀螺的经过。
4. 点拨写作方法。

师：孩子们，以后在习作中碰到这样的场面，也可以借鉴课文的写法，抓住"我"和对方的不同表现来写。

五、小练笔

写一个你和同伴快乐玩耍的场面。

【板书设计】

		陀螺	
	说陀螺		
	做陀螺	郁闷	难过
线索	得陀螺	高兴	期待
	斗陀螺	失落	喜悦
	悟陀螺		

（执教：厦门市群惠小学　高义飞）

5. 理清层次

四上《生活万花筒》习作指导设计

关键词　理清层次

层次的安排是文章写作过程中关键的一环。本设计引导学生把事件的

前因后果清楚地凸显出来,同时兼顾人物描写技法。以列提纲的形式,促进隐性思考显性化,学会对材料进行恰当有序的组织和安排,如用总起句、总结句、过渡句等标示文章结构。

生活万花筒
——统编版第七册第五单元

一、联系生活,看图说话导入

师:孩子们,第一次来上课,老师从大家的笑容感受到热情。现在老师也要送一份礼物给大家。

出示四幅表情图及排比填空句式。

师:看到这几幅图,你想到了哪些词语? 谁能用上这个排比句来说一说。

此人(	),他可能是因为(		);
此人(	),他可能是因为(		);
此人(	),他可能是因为(		);
此人(	),他可能是因为(		)。

预设:喜上眉梢、怒气冲天、唉声叹气、乐不可言。

小结:对呀,这四幅表情图展现的是人物的喜怒哀乐。这些不同的情绪,构成了我们多彩的生活,而多彩的生活背后蕴藏的许多故事,如同绚丽的万花筒。今天,我们就一起来转动“生活万花筒”,感受其中的“喜怒哀乐”。

二、范文引路,理解习作层次安排

(一)口述作文,体会人物心情变化

师:老师想跟大家分享一个小时候的故事,你们想听吗?

生:想!

1. 说起因。

师:柏老师在和你们一样大的时候,不喜欢写作业,就喜欢玩。一个周末,我痛痛快快地玩了两天,把老师布置的作文抛到了九霄云外。星期一早上,我怀着愉快的心情,高高兴兴地来到学校。

2. 说经过。

师:一进教室就听见组长喊我:“小柏!”“哎!”我响亮地回答道。“交作文本!”“啊?”

生大笑。

师:你们笑什么啊?

生:你惨了!

师:你肯定猜到我当时的心情了,能帮我描述一下吗?

预设 1:完蛋了,完蛋了,只顾着玩,把作文忘记了。我该怎么办呀? 很紧张。

预设 2:小组长催交作业的声音如同晴天霹雳,我的脑袋"轰"的一下要炸了。

师点评:这个句子讲得好! 完美地诠释了我当时的心情。为你鼓掌!

预设 3:你一定在想,该怎么办呢? 得赶紧想办法解决啊! 很着急。

……

小结:看,详细描写人物当时的心理变化,会使文章更生动,让人感同身受。

[板书:心理变化]

师:组长是我的好朋友,我当时眉头一皱,计上心来。我亲热地走上前,拉着她的手说起了周末的舞台剧……我们兴高采烈地谈论着,边说边比画,说着说着,组长也按捺不住,把作文本放在桌上,和我一起比画起来。

生笑。

师:你们又笑什么?

预设 1:你的"诡计"成功啦!

预设 2:你肯定非常得意,心想,瞧我多厉害,三言两语就把组长搞定了! 耶! 顺利过关!

师:你们一定有过和我差不多的经历吧? 你们就是当时的我。除了高兴之外,我的心情还会如何?

生:忐忑。

预设:忐忑。万一组长想起我的作业怎么办呢?

师:组长本来是怎样的神态、动作? 现在又是如何的呢?

预设:本来一脸严肃;现在眉开眼笑,搭着我的肩膀……

小结:像这样把人物的动作、神态、语言详细写出来,就叫"细节描写"。

[板书:细节描写]

师:就在我怀着忐忑不安的心情继续聊着的时候,天助我也! 上课铃响

了! 我当时那个开心啊,简直无法用语言形容。我手舞足蹈地蹦回自己的座位。但是——(拖长语调)

师:唉,凡事最怕有个"但是"。老师进来了,他说:"今天语文课要交流周末写的作文。现在请几个同学把自己写的作文读给大家听听。小柏,你先来吧。"

生哄堂大笑。

师:(无奈,摊手)老师一个劲儿地催我:"小柏,你怎么还不站起来?"(对生)你们说我该怎么办? 再想想,这时,班上的同学会有什么反应?

预设:好学生也会欠作业啊! ——幸灾乐祸

预设:她是个好学生,应该不会欠作业的,她可能忘记了,就原谅她吧! ——同情

……

小结:通过描写旁人对此事的反应,更能烘托人物形象,这就叫侧面描写。

[板书:侧面描写]

3. 说结果。

师:在老师和同学的注视中,我缓慢地站起来说:"我……我……我作文……没带……"当时真想有个地缝我好钻进去。本想着可以"瞒天过海",结果还是"功亏一篑"。我自责不已,心想以后再也不能干这种事了。我的故事讲完了。

生鼓掌。

(二)回顾事件,理解文章层次安排

1. 理出范文主要情节,以及对应的人物心理变化。

师:同学们的掌声说明我的故事还蛮吸引人的,对吧? 那么,我们一起来回顾这整件事情老师是怎样讲的。

[板书:不做——快乐]

```
起因:不做——快乐
              ┌ 被  催——着急
经过(详)  │ 设  计——得意
一波三折  │ 得  逞——忐忑
              └ 被提问——羞愧
结果:反思、自责
```

46

师:先讲——我不做作业,非常快乐。

小结:这就是事情的起因,讲得很简单,就这么一句话。

[板书:起因]

师:看,像这样,开头要简洁。重点在经过。再讲——被催作业很着急,计谋得逞既得意又忐忑,最后被提问时羞愧不已。

[板书:设计——得意;得逞——忐忑;被提问——羞愧]

师:此部分是事情的——经过。

[板书:经过]

师:情节一波三折的,不断变化。我的心情也随之不断变化,五味杂陈。最后,故事的结尾,我自责、反思:以后再也不能干这种事了。

[板书:结果]

师:点明了中心,提升了文章的档次。

[板书:点明中心]

2. 立足于篇,指导写法。

师:孩子们,写一篇文章,讲清楚一件事,开头、结尾要尽量简洁。

[板书:首尾简洁]

师:把精力放在经过。

[板书:详]

师:我们不但要把事情讲清楚,还要讲生动,所以可以写写人物的——心理变化,并且进行——细节描写,有时还可以做——侧面描写。文章的末尾,我们通过一两句话——点明中心,提升整篇文章的档次。

师:你们看(指板书),一件事写什么、怎么写,我们已经有了初步的认识。

三、指导选择有情节的故事

(一)互动交流,启迪思路

师:你们生活中也一定有许多充满喜怒哀乐的故事。有些事是亲身经历

47

的,有些是你们看到的、听说的。事情也许是惊险的、滑稽的、开心的、有趣的、烦恼的、幸运的、伤感的、痛苦的……请你转动生活万花筒,细细地找寻一件印象最深刻、情节一波三折的故事。现在,静静地思考一会儿。

课件出示。

> 亲身经历的　　看到的　　听到的
> 惊险的、滑稽的、开心的、
> 有趣的、烦恼的、幸运的、
> 伤感的、痛苦的　……

分享交流,学生汇报选材,师现场点评。

点评1:这件事情给你很大的触动,对你很有意义。

点评2:这件事情很有意思,可读性强。你写下来,大家一定很想读。

小结:孩子们,我们经历了许多事情,要尽可能写有意义的事,或者是有意思的事,这样才能吸引人。

[板书:有意思、有意义、吸引人]

(二)头脑风暴,感悟情节生动的选材

师:生活就像万花筒一样绚丽多姿!此刻,你可能想到有很多事情可写,赶紧跟四人小组的同学交流交流。要求:每个同学说一件令你印象深刻的事,看谁说得最有意思,谁说得最有意义,最吸引人。等会每个小组推荐一个最好的事例来跟全班同学分享。

小组交流。

师:谁的故事最有意思?谁的故事最有意义?谁的故事最能吸引人?还有谁的比这更精彩?

指名反馈。

(三)思考选材,指导用词组列出

师:听了那么多同学的分享,请你选择一件最有意义、最有意思、最能吸引人的事情来写,用一个词组概括,并填写到"学习单"的"事情"一栏。

课件出示。

> 逗鹦鹉被咬,如何与动物相处?
> 坐过山车吓晕,锻炼自己。
> 不做作业"瞒天过海"。
> 观看天文大潮,无比神奇!

师：像这样有意思、有意义、能吸引人的事情要用简洁的语句概括，不要写长句子；可以加上标点。现在开始，一分钟时间。

生思考选材，并用词组列出。

投影展示，反馈优质选材。

四、开拓思路，学习列提纲

(一)展示范例，指导列提纲的注意事项

师：孩子们，你们刚才分享的故事都很精彩。受到同学启发，你可以再修改所选事例。确定了所要写的事例，更重要的就是怎样把这件事情写生动、写具体。学会列提纲，就能更好地把这件事展现出来。

师：这是柏老师刚才所讲的故事的提纲，之后是两位同学列的提纲。我们一起来看一看。

事情	一次"瞒天过海"
起因	不做作业(快乐)
经过	被催作业　设计隐瞒　计谋得逞　被提问 （着急）→（得意）→（忐忑）→（羞愧）
结果	自责后改变

事情	逗鹦鹉被咬
起因	好奇
经过	用树枝逗(叫、跳)→用手捏(扇、咬)→疼、流血(缩)
结果	善待动物

事情	坐过山车吓晕
起因	急切
经过	叫→跳→怕→哭→退
结果	锻炼自己

师：观察这三个提纲，你们发现了列提纲要注意什么吗？

预设：

（1）要用关键词或词组来展现，不能写长句子。（因为时间有限，且提纲是不断在修改中的，所以要学会抓关键词。）

(2)起因、结尾只用一个词,不能写太多。

(3)经过要写得最详细,要抓住可描写的细节。

(二)课件出示列提纲的注意点,齐读

师:现在,我们都知道了,列提纲——

> (1)用关键词或词组概括事情;
>
> (2)起因、经过各用一个词简要表述;
>
> (3)经过要写详细,用"→"体现事件的曲折。

(三)生尝试列提纲

师:针对刚才所选出的事例,简要列出习作提纲。如果现在感觉还有更好的选材,也可以更换。

(四)生交流所列的提纲

师:现在我们来分享同学们的多彩生活。

点评:列提纲让我们对这件事一目了然,看到这些词就知道这件事一定很有意思,很想读下去。

点评(有修改的提纲):同学们,看,列提纲就是这么方便,发现不足可以马上修改,又不浪费时间。

(五)拓展思路,修改提纲

出示课本第72页的习作要求,全班默读。

师:孩子们,我们一起来看这次的作文要求。

课件出示。

> 每天都会发生各种各样的事情,有些是我们亲身经历的,有些是我们看到的,还有些是我们听说的。选一件你印象深刻的事,按一定的顺序把这件事情写清楚。

师:让我们根据课本中的这些参考题目,猜猜看里面有什么曲折的情节。

《捉蚊趣事》(追、拍——摔、关——意外发现! ——房内有一盆水)

《教室里的掌声》(反常的掌声——嘲笑)

《她收到了礼物》(快递)

《一件烦心事》《爷爷戒烟了》《照片里的温暖》《家庭风波》《信不信由你》……

(六)总结全课,点明注意事项

师:孩子们,通过这节课我们知道了话题作文"生活万花筒",要求写一件印象深刻的事。首先,选材要有意思、有意义、能吸引人。其次,列提纲要特别注意,起因、结果尽可能简单,经过要写详细,将自己的心情变化体现出来。如果加上细节描写,进行侧面刻画,文章将更加生动具体。最后若能点明中心,文章将更上一个档次。

师:请你运用今天学到的方法,继续修改提纲,下节课完成习作。

【板书设计】

```
                    生活万花筒
   起因:不做——快乐          首尾简洁

          ┌ 被　催——着急
   经过(详)┤ 设　计——得意          心理变化
   一波三折┤ 得　逞——忐忑          细节描写      有意思
          └ 被提问——羞愧          侧面描写      有意义
   结果:反思、自责                点明中心      吸引人
```

(执教:厦门市群惠小学　柏艳秋)

6. 构建支架

五下《牧场之国》教学设计

关键词　构建支架

本设计围绕总述句,摘录关键词句,进行比较,展开想象。学生解决问题后概述学习方法,从而掌握写作规律。这种建构和内化,对日后的独立学习起到潜移默化的引导作用,必要的时候,学生就会通过各种途径寻找或构建支架来支持自己的学习。这样,学生可以更多地对学习进行自我调节,促进其更高级的思考活动。

牧场之国

——统编版第十册第七单元

一、明确目标,导入课题

(一)明确单元目标,定向学习

师: 孩子们,学习一篇课文时一定要先看单元导读,这样,我们的学习才会目标清晰。

课件出示单元导读。

生齐读。

> 足下万里,移步换景,寰宇纷呈万花筒。
> 体会景物的动态美和静态美;搜集资料介绍一个地方。

师: 除了看单元导读,还要看课后习题,这是我们学习本课的任务。

课件出示课后习题。

> 1. 有感情朗读课文。
> 2. 作者眼中"真正的荷兰"是什么样的? 作者为什么反复强调"这就是真正的荷兰"?
> 3. 作者笔下的牛、马、羊等动物别有一番情趣,如"牛犊的模样像贵夫人,仪态端庄"。找出这样的句子,读一读,再把它们抄写下来。

师: 在学习课文前,一定要先看单元导读,再看课后习题。课后习题提示了课文的学习任务,要带着任务去学习,这样你的学习目标更清晰,效果也会更好。

(二)提供背景资料,了解荷兰及作者

师: 孩子们,你们知道荷兰这个国家吗? 一起来了解。

课件出示。

> 荷兰,本称尼德兰王国,因其构成国荷兰最为出名,故尼德兰多被世界称为荷兰。位于欧洲西偏北部,是世界有名的低地之国,运河交错,盛产鲜花,其中以郁金香最为出名。荷兰三分之一的地区为牧场,主要饲养黑白花奶牛。

师: 孩子们,我们再来了解一下这篇课文的作者吧。

课件出示。

卡雷尔·恰佩克(1890—1938)，捷克小说家兼剧作家。他自幼喜欢文艺，14岁即发表诗作。代表作有散文《明亮的深潭》，戏剧《罗素姆万能机器人》，科幻小说《鲵鱼之乱》等。

师：孩子们，有机会的话，你们也可以看看他的这些书。

师：同学们，荷兰有着这么美丽的景色，今天我们就跟随卡雷尔·恰佩克去看看真正的荷兰吧。

二、自学课文，完成任务

师：现在请根据要求自学课文。

课件出示自学要求。

自学要求：

1. 荷兰为什么被称为牧场之国？在文中找出答案，用(　　　)标出来。

2. "这就是真正的荷兰"这句话在文中出现了几次？用直线画出来，想一想作者为什么反复写这个句子。

生根据要求自学。

后小组交流。

三、构建支架，理解课文

(一)把握中心句

师：荷兰为什么被称为牧场之国？

课件出示第1段。

荷兰，是水之国，花之国，也是牧场之国。

生齐读这段话。

师：这节课我们来看看，课文是怎样围绕这句话来写的。

(二)抓关键词，体会如何围绕中心展开叙述

师：中间每一段话都有体现牛羊等牲畜多的词语。老师摘录了一些句子，我们一起来体会体会。

课件出示。

> 第2自然段:极目远眺,四周全是碧绿的丝绒般的草原和黑白两色的花牛。
>
> 第3自然段:碧绿色的低地镶嵌在一条条运河之间,成群的骏马,匹匹膘肥体壮。
>
> 第4自然段:黑色的猪群不停地呼噜着,像是对什么表示赞许。成千上万的小鸡,成群结队的长毛山羊……
>
> 第5自然段:运河之中,装满奶桶的船只在舒缓平稳地行驶。满载着一罐一罐牛奶的汽车、火车,不停地开往城市。

师: 请朗读以上句子,边读边想象画面。再思考,哪些词句体现了牛羊等牲畜多?

生自读。

师: 谁愿意来分享一下找到的词语?

指名。

师: 这几位同学很准确地找出来了,没找出来也没关系,正是因为不明确才要学习。一起来看看这些词语吧。

课件出示。

全是　　成群　　猪群　　成千上万　　成群结队

生齐读以上词语。

师: 孩子们,前三段中体现牛羊等牲畜多的词语都找出来了,围绕"荷兰是牧场之国"这一意思,其实作者在每句话中都在详细叙述这个意思。但是有的句子并没有直接告诉我们,请你们看这些词语。

谁来说说你怎样读出词语背后的意思?

课件出示。

装满奶桶　　满载　　一罐一罐　　不停地

生: 如果牛羊不多怎么会"装满奶桶"? 如果牛羊不多,怎么会有"满载"着"一罐一罐"牛奶的车、船"不停地"开往城市?

师: 对,有些句子没有直接说出牛羊多,我们能通过侧面描写的词句推断出来。所以,学习课文不但要找关键词,还要根据字面意思,读懂言外之意。

> 第2自然段：极目远眺，四周<u>全是</u>碧绿的丝绒般的草原和黑白两色的花牛。
>
> 第3自然段：碧绿色的低地镶嵌在一条条运河之间，<u>成群</u>的骏马，匹匹膘肥体壮。
>
> 第4自然段：黑色的<u>猪群</u>不停地呼噜着，像是对什么表示赞许。<u>成千上万</u>的小鸡，成群结队的长毛山羊……
>
> 第5自然段：运河之中，<u>装满奶桶</u>的船只在舒缓平稳地行驶。<u>满载着一罐一罐</u>牛奶的汽车、火车，<u>不停地</u>开往城市。

师：齐读以上四个句子，老师标横线的词要读出重音。

齐读。

（三）回归中心，理解主题

师：通过刚才的朗读，你体会到，真正的荷兰是什么样的？

生：真正的荷兰是牧场之国、家畜王国，是美丽富饶的。

课件出示。

> 真正的荷兰是牧场之国、家畜王国，是美丽富饶的。

齐读。

四、感悟总分构架，总结写法

（一）抓反复句，理解主题

师：作者反复强调"这就是真正的荷兰"，这句话在文中出现了几次？

指名。

（二）连词说句，理解主题

师：齐读四行词语。

课件出示词语。

非常专注	仪态端庄	无比威严
飞驰远方	辽阔无垠	归它所有
悠然自得	表示赞许	安闲欣赏
一片寂静	默默无言	十分平静

师：第一行词语：牛群吃草非常专注，牛犊仪态端庄，老牛无比威严，这是一番怎样的景象呢？

指名。

师:对了,这是一番祥和的景象,这就是真正的荷兰。

出示"祥和"。

师:第二行词语:骏马飞驰远方,辽阔无垠的草原归它们所有,这又是一番怎样的景象呢?

指名。

师:对了,这是一番自由的景象,这也是真正的荷兰。

出示"自由"。

师:动物们在这片祥和的草原上生活得自由、闲适,这就是真正的荷兰。

出示"闲适"。

师:从第四行词语中可以看出夜晚的荷兰是——

生:荷兰的夜晚是宁静的。

师:这就是真正的荷兰。

出示"宁静"。

师:孩子们,看,真正的荷兰是非常——

生答:祥和的。

师:动物们在这里的生活是非常——

生答:自由、闲适的。

师:这是一片——

生答:宁静的世界。

师:对! 这就是真正的荷兰。

[板书:真正的荷兰]

师:真正的荷兰是牧场之国。

[板书:牧场之国]

师:动物们生活得自由闲适。

[板书:自由闲适]

师:是祥和宁静的世界。

[板书:祥和宁静]

生齐读:真正的荷兰是牧场之国,是自由闲适、祥和宁静的。

(三)感悟反复修辞

师:"这就是真正的荷兰"在文中出现了四次,运用了什么修辞方法? 它有什么作用?

指名。

小结:运用了反复的修辞手法,反复就是用来加强作者的感情的,体现作者对荷兰的喜爱与赞美之情。

(四)理解总分结构的作用

师:"荷兰,是水之国,花之国,也是牧场之国"这一句在全文中起什么作用?

指名。

师:同学们说得真好,这是一个总起句,句子紧扣主题,开门见山,点明了荷兰是"水之国""花之国"后,强调了本文重点要描写的是"牧场之国"。因为荷兰三分之一的地区为牧场,所以这句话总领全文,下面就具体地描写了荷兰广阔无际的牧场和生活在牧场上的无忧无虑的家畜家禽。

师:课文最后一段在文中起什么作用?

指名。

师:对,它是全文的总结句,点明文章中心。

师:课文是什么结构?

生:总分总结构。

[板书:总]

五、指导朗读,总结全文

(一)师生合作朗读

出示课文语句。

极目远眺
四周全是碧绿的丝绒般的草原和黑白两色的花牛
碧绿色的低地镶嵌在一条条运河之间
成群的骏马,匹匹膘肥体壮
黑色的猪群不停地呼噜着,像是对什么表示赞许
成千上万的小鸡,成群结队的长毛山羊……
运河之中,装满奶桶的船只在舒缓平稳地行驶
满载着一罐一罐牛奶的汽车、火车不停地开往城市

师：这是一篇散文，最适合有感情地朗读了，让我们一起来读一读。

师：真正的荷兰是牧场之国。

师：极目远眺——

生读：四周全是碧绿的丝绒般的草原和黑白两色的花牛。

师：碧绿色的低地镶嵌在一条条运河之间——

生读：成群的骏马，匹匹膘肥体壮。

师：黑色的猪群不停地呼噜着，像是对什么表示赞许——

生读：成千上万的小鸡，成群结队的长毛山羊……

师：运河之中，装满奶桶的船只在舒缓平稳地行驶——

生读：满载着一罐一罐牛奶的汽车、火车，不停地开往城市。

出示句段。

> 牛犊的模样像贵夫人，仪态端庄。老牛好似牛群的家长，无比威严。
>
> 除了深深的野草掩盖着的运河，没有什么能够阻挡它们飞驰到远方。
>
> 安闲地欣赏着这属于它们自己的王国。
>
> 在这里，谁都不叫喊吆喝，牛脖子上的铃铛也没有响声，挤奶的人更是默默无言。

师：真正的荷兰是——

生读：牛犊的模样像贵夫人，仪态端庄。老牛好似牛群的家长，无比威严。

师：祥和的。

生读：除了深深的野草掩盖着的运河，没有什么能够阻挡它们飞驰到远方。

师：自由的。

生读：安闲地欣赏着这属于它们自己的王国。

师：闲适的。

生读：在这里，谁都不叫喊吆喝，牛脖子上的铃铛也没有响声，挤奶的人更是默默无言。

师：宁静的。

生齐：真正的荷兰是祥和的、自由的、闲适的、宁静的。

(二)总结全文

师：本文按总分总结构，运用反复、拟人的修辞手法，按照时间顺序，描写时注意动静结合。以后写作文也要尝试以上方法，文章会更生动感人。

【板书设计】

真正的荷兰 (总)	牧场之国 自由闲适 祥和宁静	拟人、反复 时间顺序 动静结合

(执教:甘肃省临夏县韩集镇双城中心小学 汪小霞)

第三章　模块教学，发展逻辑思维能力

逻辑思维是思维的高级形式，属理性认识阶段。逻辑是一切思考的基础（黑格尔）。人脑作为一个系统，思考方式在人的表达活动中起着基础性的、根本性的作用，对学生而言，良好的思考机制一旦形成，顺畅有序的表达活动将是高效的、自然而然的。

叶圣陶先生说："多年来我一直认为，语文课的主要任务是训练思维、训练语言，而思维能力、语言能力，儿童时期打下的基础极为重要。"六到十一岁是培养学生抽象逻辑思维能力的关键时期。语文教学基于儿童的视角，从学生的思维特点、认知水平、思考习惯、知识经验等出发，培养学生正确的思维程序和科学的思维方法，发展其逻辑思维能力，将使学生终身受益。

一、经历图表的形成过程，让思维有层次

自媒体时代，读图读表成为人们认知世界的重要方式。图形表格中包含着许多隐藏的已知信息和大量的推理素材，是对现实问题的高度概括与抽象。让学生经历表格的形成过程，学会作图识图，是培养逻辑推理能力不可忽视的一环。

用图表来组织、阐释和表达知识，是将内隐的思维过程可视化。读懂一篇文章，并将文章提炼为一份图表的过程，实际上是学生从形象的、具体的认知到抽象的、复杂的思维经历。这其间，首先要联系旧知，分类提取；然后压缩整合，把握本质；最后转换迁移，达成触类旁通。这样的阅读特别强调信息的关联、整体的认知和主动的思考。

如学习北师大版四上《新型玻璃》一文，学生把文字转换成表格，必须归类整合，提取每一段中表示玻璃名称、描写玻璃特点及作用的关键词。学生通过列表发现，课文每介绍一种玻璃，都是按其特点、作用来写。仿写时，就能立足原有经验，转换表格中的已知信息，迁移应用课文中的写法。表格式的学习，有利于学生从不同的问题中抽象出相同的关系，发现不同事物之间

的联系，更主要的是加强了对不同类或同类事物之间联系的认识，考虑问题将更加全面。

把课文以图表的形式展现，也让学生明白：表格是对文字进行压缩形成的，是对某一类高度相关问题的抽象与概括。如统编版四下《记金华的双龙洞》一文，让学生先提炼出游览顺序图：路上—洞口—外洞—孔隙—内洞—出洞，再对照顺序图判断课文各部分的详略，在此基础上体会各部分的描写特点。这样的阅读就不会只停留在对词句的理解上，而是对文章脉络进行宏观立体的把握，加深了对文章主旨的理解，提高了语篇分析能力。通过对问题的提炼，学生经历了从丰富的情境中抽象出基本关系的过程，获得了去除问题情境把握问题本质的经验，培养了抽象思维能力。

表格也有助于了解不同体裁的语篇具有不同的篇章结构和学习程序。如统编版三下《太阳》是篇科普说明文，引导学生把文章内容梳理成表 3-1。

表 3-1 《太阳》内容结构

内容	特点	说明方法	说明顺序
太阳	远	列数字，打比方	并列
	大	作比较	
	热	列数字	
太阳与人类的关系	养育万物、水、气候、光	分类别	总分
总说			

每一次的归纳提炼，都必须回到整体之中……完成了表格，学生就把握了文章的整体框架。表格清晰地展现说明文这一体裁的特点，教师可让学生拓展阅读两三篇相类似的文章，再让学生根据这类文本的特点进行写作练习。这样，提取有效信息，罗列构成要素，分析综合平衡，推论表达意图，举一反三迁移，构成了动态的、递进的、完整的思维过程。心理学家尼克森认为：理解是事实的联系，把新获得的信息与已知的东西结合起来，把零星的知识织进有机的整体。由于是学生在学习过程中自己进行的认知建构，自然能产生对知识的理解和触类旁通。

教学的最高目标是在传授知识的过程中发展学生的思维。顺应学生的认知发展规律，截取一些代表性的课文，按照反复阅读—初步领悟—简单应用的路径逐步进行，引导学生经历表格的形成过程，让学生体会到语言与图表之间的同源共存，明白一篇文章的各个段落前后相互联系、相互支持，形成体系，而不是孤立的知识点。最终取得潜移默化、水到渠成的效果。

二、尝试跨学科的读写延伸，拓展思维的广度

跨学科读写延伸是具有思维建构功效的话语实践。既是语言，又是认知；既是实践，又是建构。一方面，将语言学习融入社会、自然、文化等学科构架中，有助于学生建立多元知识结构和技能体系，跳出语文教材所限定的知识内容，在更加宽泛和自由的知识视野中思考问题，发展想象力，进而学会多角度认识事物。

另一方面，跨学科读写延伸更能突出读写的知识建构功能，培养学生高层次的读写能力。因为语文是具体运用中的语文，越是具体明确的语言运用环境，越能体现语文运用的水平，也越有利于培养学生未来专业学习和工作所需要的语文能力，实现可持续发展。

跨学科的读写训练，首先是基于课文教学进行有意义的拓展阅读，如专业科学小论文、说明类的文章。教师在选择拓展阅读的内容时，要有意识倾向与文本相关的科学类实用类小论文、说明文，引导学会阅读浅显的科技小论文、实用说明文，把握其基本观点与论据，学会写出准确而简明的内容提要。如教学《两个铁球同时着地》（统编版四下），可指导阅读《现代科学之父——伽利略》《科学的殉道士——布鲁诺》《关于万有引力，你应该知道的20件事》等相关文本，并推荐课外了解伽利略的《论无限、宇宙及世界》，哥白尼的《天体运行论》等，鼓励有兴趣的学生在课外继续探究学习的基础上，撰写诸如《我身边的万有引力》等读书小报告。

这种涉及特定领域的拓展读写，通过阅读专业学科知识，能有效训练学生提取关键信息、把握文本的组织结构关系、基于证据进行推理的写作能力。由于各领域间的阅读能力具有一定的相关性和可迁移性，这样的读写活动，加强了基本阅读技能和各学科学习的联系，有助于培养阅读理解本年级各学科文本的能力，获得高级阅读能力。更重要的是，真实的阅读活动开拓了视野，学生感悟到一个事件可以从多个视角去审察。

一篇文章，可能是文学文本，历史学文本，科普文本，社会学文本。教师要选择最能体现作为教材价值的视角去引导拓展阅读，这样的阅读往往是综合的学习过程。如北师大版五下《西门豹治邺》一文，推荐阅读的系列内容可以是：邺县的古今位置地图，古人敬神事鬼的民风民俗，《水利史名人故事》，《世界著名水利工程》，《史记·滑稽列传》……一方面，强化了西门豹有勇有

谋、敢作敢为的改革者形象；另一方面，让学生明白，西门豹在邺县做出的成绩，固然离不开他自身的条件，但也与他所处的特定历史环境有关——魏文侯魏斯大刀阔斧的改革，使魏国成为诸侯国中最为强大的国家。

这样的延伸比较阅读，意在给学生提供多个视角，引导其全面客观地看待事物，学会关注事物的多重内涵，发现其实事物往往存在着两面性，甚至多面性。学生在综合运用阅读中，不断发展由此及彼的联想力，感悟到世间万物相互关联、相对平衡、相互依存的哲理，思维空间得以拓展。

语言的实践性特点表明，越具体的跨学科读写要求越符合语文的本性。教师要引导学生广泛阅读不同学科的文本，获得语言的直接经验，体会不同学科的语言差异。如鼓励学生在造句、说话、写话时，阅读并运用其他学科如品德与生活、科学、数学，甚至音乐美术教科书上的词汇、句式，以清晰准确地传递信息，丰富语言表达的内容。

学生通过观察、分析，学会对语言进行重新组合，再加工，一些模糊的经验变得逐渐清晰，一些粗糙的经验变得精细。在去伪存真的过程中，学生经历语言归纳，积累语言生长的经验，当学生的经验逐渐丰富时，他会将获得的语言经验运用到不同的活动中。这样，主动探究新知—自觉反思感悟—合理提炼引用，周而复始，逐渐形成高层次、发展性的语言经验，思维层次不断提升。

三、参与微文阅读评论，增进思维的深度

移动互联网技术的发展和移动智能终端的普及，打开了语文课堂教学的门窗，基于移动智能终端的移动自主学习，在内容、形式、空间、时间等方面都具有开放性。技术灵活多样的表达手段，极大地丰富了学生的感官体验，从而在学习过程中收获愉悦。教师要充分利用移动平台，通过技术让阅读更具思维价值，让语文学习变得更有意义。

移动自主学习呈现手段丰富、阅读过程短平快的特点。教师要选择适合的阅读主题资料，引导学生亲历微文阅读的过程，感受内容丰富、形式活泼的自由阅读，学会在海量的信息中，抓重点词阅读，读懂评价、跟帖、围观和点赞中的关键信息；学会一目十行地浏览，筛选并提取有用的信息；通过亲身实践获取一手材料，发展独立探索的能力。更重要的是，学会积累材料，在说话写作时，能从一个材料联想到另外相关的材料，并将各种已有的材料加以组合，建立服务于主题的意义链接。

微文阅读时,人们往往只对话题内容感兴趣,而忽略展开话题的思维过程与思维操作。因此,微文阅读指导要以积累材料、训练思维为切入点,以避开长期碎片化的微文阅读,其不利于思维拓展。有质量的阅读,不仅仅是关注话题的内容,更重要的是分析事件背后的原因、背景,体悟跟帖者、评论者的特定思考方式、看世界的不同角度。这种由表及里的思维,实质上就是一种追寻事物因果关系的逻辑思维,唯有如此,才可能作出客观评判。

教师可聚焦某个话题,向学生发放大量微文形式的学习材料,引导展开由此及彼的联想,进行由表及里的溯源,学会从果到因的分析。这样的阅读活动,不仅是将学会的知识加以理解与记忆,也是质疑、思辨、求证的过程。当学生遭遇不同的经验、主张、观念时,自然引起各自的判断,或认同,或否定,或修正,或别有新的看法。知识的内涵在于其背后特定的思考方式,凭借这种思考方式,学生学会从特定的角度去观察了解世界,提高判断、选择、整合等学习能力,心智结构得以优化。

微文的阅读反思,是个体性、内隐性的。不同个性的学生一起观察、倾听、思考、交流时,反省就会加深,思维因此更进一步。教师应有意识地组织各种专题的微阅读交流活动,交流的方式可以是介绍,可以是独白,可以是表演,也可以是专题报告。为此,学生须搜集事实材料,进行分析综合,独立地作出结论。即把搜集的内容划分出相应的层次,并且合理化有序地加以排列,为使中心更加突出,还应关注各层次间的衔接、过渡。学生在周密思考、组织语言、准确表达的过程中,训练了思维的结构化。

微文的内容须紧密联系当下生活。因为生活的支撑,学生会更深切体会到提高言语表达能力是有用的,学习因此更具主动性。教师可就某个话题,设计情景,提出相左意见,比较争鸣,引导展开论辩。学习辩论就是学习怀疑、猜想、反驳、证伪的方法,学习有逻辑地思考问题,发展理性思维能力。

在论辩时,要引导学生防范个人偏见,学会抱着真诚和客观的态度对待不同的意见;学会基于事实发问论证,抵制毫无根据的想法;学会站在别人的角度、联系生活来理解各种不同的观点。在倾听碰撞中,模糊的、零散的、粗糙的感悟得以唤醒,内隐经验得以条理化、清晰化和系统化。在这个过程中,辩论双方以及听众看到了自己没有看到的事物的其他方面,从而获得更具自主性、实在性、客观性的知识,由此建构对事物更加正确的认识,发现解决问题的更好方法。

四、篇组结合模块教学，训练思维的系统有序

为使阅读教学更好地促进思维发展，应强调单元备课、模块化教学。单元的目标是层次性的，在单元的立场上才能进行正确的目标分解，体现理解的循环本质。模块化教学的优点在于授课内容的包容性、主题的明确性和思想的深刻性。单元模块教学有助于学生将知识以整合的、情境化的方式存储于记忆之中，有利于知识的提取、迁移和应用，学会运用原有的知识经验对新知进行分析、鉴别、评价，形成自我对知识的理解，建构新知序列。

当前大部分教材以主题单元为主线，精心组织不同数量有内在意义关联的课文，在每个单元之下选录不同时代、不同国度、主题相近的作品，并且适当加入导语和按语，为模块化教学的组织和实施提供了方便。

教师要有全局观念，脑子里应该有一幅完整的知识框架图，某个语文知识点，在整个语文知识体系中应该掌握到什么程度，都要十分清楚。单元目标分解后，可以明晰地知道完成某项目标，需要教学什么，安排怎样的教学顺序，以及采用什么样的教学方法等。在此基础上，教师对教材作全面分析、深入挖掘、灵活整合，甚至将教材内容打散重新组合，构建弹性化和框架式的内容，将孤立的知识要素联结起来。

教学内容要体现瞻前顾后、紧密相连、循序渐进的编排：既有萃取当下单元的内容和要求，也有对前期已有知识与能力的溯源，还有对后续学习的巩固和提升；既有横向的透视，也要有纵向的穿透，前后衔接，彼此照应，在系统整体的教学中引导学生创造性构建网状知识体系。教师要有授课效益意识，整体把握课堂结构，突出核心知识的内在逻辑关联，追求深度阅读，引导学生在批判反思中建构新的认知结构。

基于动态统一的、有机关联的阅读内容，学生可以反复地多角度比较，也可以不断深入地多层次比较。既能把握多篇作品内在的共同规律，又能更清楚地看到它们各自的特点，开拓视野，让学生从言语作品中感受到语言是有规律的，从他人的言语作品中不断地总结和认识语言运用规律，进而转化为自己的语言。

即便是单篇课文的教学，也应该体现整体感知、聚点探究、整组提升，在篇组结合中着力引导、类比、迁移。如训练概括能力，教师选择典型课文，引导学生或把握故事的发展线索，或找齐文章的情节点，或抓住中心句、过渡句，或紧扣文章的关键词，再按作者的表达顺序，将其连成一段通顺完整的

话,即可把握主要内容。在此基础上,把写法相同的课文归类学习,或拓展阅读与课文语言特点相似的片断,在举三反一中掌握语言规律。

教学时要尽可能把阅读这一内隐的思维流程外化为一定的操作规范。如钱梦龙老师的导读五步法:认读感知—辨体解题—定向问答—深思质疑—复述整理,引导学生"在文章里走几个来回",经历由表及里、由里反表的阅读过程,学生把阅读过程中零星的体会不断梳理,分类归纳,使之条理化、清晰化。在后续阅读中,众多同一类语言现象的不断复现、刺激、同化和顺应,发展了学生的语言能力。更重要的是,在群组学习中,学会正确排序,客观比较,科学分类,触类旁通,将悟出的语言规律,迁移到不同类别的阅读材料中去。

好的文章,都有着严密的思维经纬,有着很强的逻辑力量。它的背后是思维和见识,是对事物、世界、人生、人性独到的认知与理解。篇组结合模块教学,吻合了语文学科最大的特色——整体性,建立起由语言文字到文化精神的逐步递升的阅读层次和阅读结构,提升文本阅读能力,有效地训练了思维的系统有序。

王尚文先生说过:所谓语文品质,最主要指能否让人听明白、看清楚,是否合情理、合逻辑。在语文学科中培养学生的逻辑思维能力,要基于学生的实际,从日常思维的科学性入手,强调学习内容的有机整合,着意学习过程的建构反思,重视学习的迁移运用和问题解决,才能有效、高效。

7. 绘制图表

二下《要是你在野外迷了路》教学设计

关键词 绘制图表

传媒时代,信息的梳理和传达能力尤显重要。本设计引导学生提取文中主要事物、时间及辨认方法,形成直观生动的表格。学会从错综复杂、千变万化的信息中,提炼要点,不遗漏;准确传递特征,不与文字冲突。思维深入文本,却又以通俗易懂的方式表达,极具跨越性。

要是你在野外迷了路
——统编版第四册第六单元

一、复习字词，发现异同

(一)齐读一、二类生词

师：同学们，上节课我们已经学习了本课生字新词，学习课文之前，再来复习词语吧！请大家跟老师一起读两遍。

出示本课生词，生齐读，再抽查。

慌张	辨别	忠实	向导	一盏灯
永远	乱闯	碰上	稠 稀	沟渠
积雪	指南针	帮助	特别	

正音："碰"的韵母是 eng，不要读成 ong。"积"读第一声，组词"积雪"。

字形辨别："慌张"的"慌"是个形声字，竖心旁是形旁，表示与心理活动有关，右边的"荒"是声旁，提示这个字的读音。"辨别"的"辨"中间是一竖一撇，和"争辩"的"辩"不同，"争辩"的"辩"中间是一个言字旁，因为争辩与说话有关。

(二)观察近义词，读句子比较

师：看来大家都能很好地掌握生字词。现在一起来看看课本第 78 页，课后习题二的生字词，观察一下，你有什么发现？

出示 78 页课后词。

指名。

慌张	分辨	忠实	向导	永远
惊慌	辨别	忠诚	导游	永久

师：对了，它们都是近义词。近义词表示相近或相同的意思，在一篇课文中，如果反复表示相同意思，可以用近义词，这样就不会重复了。一起来读读这五组词。

生读两遍。

师：复习了词语，再来看一组句子吧！

出示三个句子。

> 大自然有很多天然的指南针,会帮助你辨别方向。
>
> 要是你能认出它,就不会在黑夜里乱闯。
>
> 看看哪边雪化得快,哪边化得慢,就可以分辨北方和南方。

师:看,"认出、辨别、分辨"都是近义词,课文用不同词表达同一个意思,读起来更生动。一起读读这三个句子。

生齐读。

二、整体入手,把握全诗

师:现在让我们走进这首有趣的诗歌吧! 文中讲了哪几种天然的指南针?

指名。

师:上节课我们了解到,在课文的第2至4节中,每一节都介绍一种天然的指南针。第2节介绍了太阳,第3节介绍了北极星,第4节介绍的指南针是大树的枝叶,最后介绍的指南针是沟渠里的积雪。

课件出示课文2～5节,师边说边圈出"太阳、北极星、大树的枝叶、沟渠的积雪"这四个词。

课件出示句子。

> 课文中介绍的"天然的指南针"有(   )、(   )、(   )
> 和(   )。

师:读书就要这样,先整体了解课文主要写什么,才能理解得更好。

小结:课文告诉我们,要是在野外迷失方向,太阳、北极星、大树的枝叶、沟渠的积雪都可以指引方向。

三、梳理文脉,解读诗意

(一)读第2节,了解日出规律

师:现在,我们来当一回小小旅行家,外出旅行。我们来到郊外的小山坡,哪边是南哪边是北? 怎么分辨呢? 我们来听听太阳公公是怎么说的。

出示课文第2节诗,齐读。

师:谁能说说太阳公公的作息规律呢?

生:日出东方,夕阳西下。

师:文中把太阳比作什么?

生:忠实的向导。

师:什么叫向导?

生:向导就是带路的人。

师:为什么说太阳是忠实的向导?

生:这里用了一个比喻,把太阳比作向导。因为地球绕太阳运行的轨道不变,所以太阳相对地球的位置是比较固定的,这些是不会变的。

师:如果迷路时不是中午,而是日出东方的早晨,你应该怎么辨别方向?把下面诗句补充完整。

> 太阳是个忠实的向导,
> 它在天空给你指点方向。
> 早上的时候_____,
> 地上的树影正指着_____。

(二)读第 3 节,认识星空图

师:听了太阳公公的话,小小旅行家们继续前进。不知不觉,天已经黑下来了,繁星满天亮晶晶,真漂亮啊! 但哪边是南,哪边是北呢?

出示野外星空图,引导认识北极星和北斗星。

师描述:北斗七星是大熊座中七颗明亮的星,形状像勺子。与勺口相对的一颗最亮的星就是北极星,也叫启明星。它所处的位置在北边,为人们指路。夜晚,要是你在野外迷了路,只要细细观察,北极星也会帮你准确地分辨方向。

师:现在,我们来看看课文是怎样描述的。齐读课文中的相关句子。

生齐读:北极星是盏指路灯,它永远高挂在北方。

师:文中把北极星比作了什么? 为什么说它是盏指路灯?

生:把北极星比作指路灯,说明人们晚上可以靠北极星辨别方向。

师:找到了方向,我们都很开心,大家一起读读2、3小节,用轻松愉快的口气,注意,"忠实,永远"等词注意读重音。

生齐读2、3小节。

(三)读第 4 节,了解枝叶如何指示方向

师:小小旅行家们,下雨了,请注意行走安全。我们继续往北走,可哪边是北呢? 下雨了,太阳和北极星也帮不了忙,怎么办呢? 对了,这边有一棵树。

课件出示树图。

指导看图:这边的枝叶——多,枝叶茂密,枝叶稠,枝叶密。这边的枝叶——少,枝叶稀疏,枝叶稀,枝叶疏。

小结:原来"茂密、多、密"就是"稠"的意思。"少、疏、稀疏"就是"稀"的意思,"稀"与"稠"是一对反义词。

师:谁知道为什么树叶稠的一面是南边,树叶稀的一面是北边?

生:因为大树的生长靠阳光,朝南一面受光强,枝叶就长得稠密;朝北一面受光弱,枝叶就长得稀少。

(四)读第 5 节,明确积雪代表的方向

师:小小旅行家们,如果我们继续往北边走,就能看见美丽的雪景了,厚厚的积雪也能帮我们找到回家的路。

生齐读第 5 小节。

师:沟渠里的积雪化得快的那边是南面还是北面?课文没有直接告诉我们,快开动脑筋想一想吧!

生自主发言。

出示积雪图。

师:一起来了解沟渠里的积雪是怎样帮助人们辨别方向的。瞧! 这就是沟渠里面的积雪,让我们走近沟渠仔细看看,你发现了什么?

生:北边的雪化得快,南边的雪化得慢。

师:为什么会这样呢?

生:遮挡导致阳光直射到沟渠的北边,所以沟渠的雪化得快,沟渠南边被遮挡了,所以雪化得慢。

小结:看来,下雪天迷路了也不用怕,只要我们观察积雪融化的情况,就能准确地辨认方向。

(五)完成表格,梳理文脉

要是你在野外迷了路		
什么时候	天然的指南针	怎样辨认

生完成表格。

出示范表,根据表格复述课文主要内容。

要是你在野外迷了路		
什么时候	天然的指南针	怎样辨认
中午	太阳	太阳在南方，树上的影子指着北方
夜晚	北极星	永远高挂在北方
阴雨天	大树	枝叶稠的一面是南，稀的一面是北
下雪天	积雪	化得快的一面是北，化得慢的一面是南

生：课文讲了四种天然的指南针，分别是太阳、北极星、大树和积雪。根据不同情况，我们可这样辨别方向：中午的时候，太阳在南方，树上的影子指着北方。夜晚，北极星永远高挂在北方。阴雨天，大树枝叶稠的一面是南，稀的一面是北。下雪天，沟渠里的积雪化得快的一面是北，化得慢的一面是南。

四、观察写法，拓展迁移

（一）读第 6 节，明确写法

生读第 6 节。

师：对比读第 1 小节和第 6 小节，你发现了什么？

课件出示第 1 小节和第 6 小节。

师："大自然有很多天然的指南针，会帮助你辨别方向。"这是总起句，点明中心。"大自然有很多天然的指南针，需要你细细观察，多多去想。"这句话与开头首尾呼应。诗歌用总分总的写法，让人印象更加深刻。

生再齐读开头和结尾两小节。

（二）补充资料，模仿说句

师：同学们，你们是善于观察和发现的，书上介绍的四种天然指南针都被你们发现了。老师还为你们准备了许多资料，敢不敢向更高的难度挑战啊？

出示补充资料。

> 到了秋季,苹果红的一面是南面。
> 岩石上的苔藓,布满苔藓的一面是北侧,苔藓稀少的一侧是南面。
> 树桩,年轮宽的一面是南方。
> 蚂蚁洞穴,洞口大都是朝南的。
> ……

师:找到了这么多的天然指南针,用上优美的词语和有趣的比喻句,写下来就更好了。老师先以"向日葵"为材料,写了一节诗。

出示范例。

> 向日葵特别喜欢太阳,
> 它总是向着太阳生长。
> 早上的时候它面向东方,
> 傍晚时又面向西方。

师:你也可以这样写一写!这就是今天的作业哦。

师:同学们,大自然有无数神奇之处,值得大家去探索。学习了这首小诗之后,我们知道,只有善于观察、勤于思考,才能获得更多知识。希望你们多观察大自然,观察生活,多问几个为什么,学会找出事物之间的联系,发现其中的规律,做一个善观察、爱思考的人。

【板书设计】

要是你在野外迷了路

总:天然的指南针

分:太阳　北极星　大树　积雪

总:细细观察　多多去想

(执教:厦门市群惠小学　郑婉祺)

8. 多角度思考

三下《花钟》教学设计

关键词 多角度思考

真阅读应是一场思维的攀登、领域的跨越。本设计引导学生"多向打通"，融合阅读，多元思考，形成高层次的读写活动。线上与线下，课内与课外，跨学科读写，多维度训练，追问、整合，做"会思想的苇草"，学会用多重视角去看待事物。视界越宽广，世界越精彩。

花钟

—— 统编版第六册第四单元

一、创设情境，激趣导入

（一）联系生活，说话训练

师：孩子们，生活中你一定见过各种各样的花，你喜欢什么花呢？用上这样的句式说一说吧。要是你能说出颜色、味道等特点，就更好了。

我喜欢 _____ 花，因为它 _____ ；			
也喜欢 _____ 花，因为它 _____ ；			
还喜欢 _____ 花，因为它 _____ 。			

生发言。

师相机评价：我也喜欢。真漂亮，谢谢你的分享。我仿佛看到了一朵欣然怒放的万寿菊……

师：孩子们，在平时生活中，我们也可以像这样，多练习说长句子，这也是一种很有用的表达方式。

（二）创设情境，揭题导入

师：看看大屏幕，老师给大家带来了什么？鲜花朵朵，争奇斗艳，芬芳迷人，迎春花迎着春风微笑，向日葵向着太阳露出了笑脸，蝴蝶花展开翅膀翩翩起舞，梅花却在寒风中送来缕缕清香。孩子们，喜欢吗？

生：喜欢。

师:今天老师就要跟大家一起来学习关于花的课文,齐读课题。

生齐读课题。

二、初读课文,整体感知

(一)简介思维路径,了解科普文章

师:读了课题,你肯定会产生不少疑问,比如什么是花钟? 为什么会有花钟? ……对,这是一篇科普文章,它向我们介绍了一些科学知识。科普文章通常都是先写作者观察到的现象,再分析为什么会出现这种现象,然后告诉我们,科学家们如何把它们运用到生活中。

[板书:观察 思考 运用]

(二)默读课文,找出各段的总述句

课件出示要求。

> 默读课文,完成下列任务。
> 1. 用横线画出第 1 自然段的总述句。
> 2. 不同的植物为什么开花的时间不同? 用波浪线画出。
> 3. 什么是花钟? 用双横线画出。

生自学。

师边巡视边提醒:孩子们,不动笔墨不读书,像这样带着问题找答案,你们会学得更高效。默读时不要一个句子一个句子地看,要学会跳读,快速找到答案,再对照问题,看看是不是正确……

(三)交流反馈,指导订正

师:课文读完了,问题的答案找到了吗? 第 1 自然段的总述句是什么? 谁来回答?

指名回答。画错的马上订正。

(四)观察总述句在段中的位置,发现规律

投影课文,出示所画三个句子在文中的位置。

师:孩子们,你们发现了吗? 这三个句子其实就是每段的总述句。读课文要学会观察,看看是否有总述句。找到了每段的总述句,就知道文章写什么了。还有,要注意,段的总述句,有的在段前,有的在段中,有的在段后。知道了这一规律,我们就能更快更好地理解课文内容。

出示三个句子,根据老师的问题读句子。

> 句子一:要是我们留心观察,就会发现,一天之内,不同的花开放的时间是不同的。
>
> 句子二:原来,植物开花的时间,与温度、湿度、光照有着密切的关系。
>
> 还有的花,需要昆虫传播花粉,才能结出种子,它们开花的时间往往跟昆虫活动的时间相吻合。
>
> 句子三:一位植物学家曾有意把不同时间开放的花种在一起,把花圃(pǔ)修建得像钟面一样,组成花的"时钟"。

师:课文的第 1 自然段告诉了我们——

学生读句子一。

师:到底是什么原因呢?

学生读句子二。

师:把这些花组成什么呢?

学生读句子三。

(五)梳理文脉,把握全文内容

师:课文告诉我们,不同的花开放的时间是不同的,以及出现这种现象的原因,植物学家再根据开花的不同时间组成了花钟。这就是文章的主要内容。

[板书]

不同的花

　　　　　　→　原因　→　花钟

陆续开放

师:(指板书,师说生接)孩子们,我们再来看一下,这篇课文先写了(　　　),再写了这种现象的(　　　),这些话可以组成(　　　)。

师:(出示图片)你们看,这就是花钟。这些花在二十四小时内陆续开放,你只要看看什么花刚刚开放,就知道大致是几点钟,这是不是很有趣?

欣赏花钟图片。

三、检查预习情况,学习字词

师:让我们快快走进课文去了解吧。老师先来考考你们,文中的生字认识了吗?

鲜花朵朵　争奇斗艳　芬芳迷人
绽开笑脸　欣然怒放　含笑一现
淡雅　暮色　苏醒　干燥
昆虫　传播　吻合　一致

1. 借助拼音,同桌接力互读。

师:这些字词大家肯定都能读,下面先同桌接力互读,开始吧。

2. 抽查易错字词"绽""燥"。

师:老师要抽几个有难度的字词考考大家,有信心挑战吗?

3. 生字去拼音,全班齐读。

4. 出示生字:醒。

师:孩子们,你们看,"醒"字是本课的生字,写的时候要注意什么?

生:"醒"字要注意,左右两边大小相当。

师范写,学生跟着书空。

师:大家学得可真好,一下子就掌握了那么多生字词。那么,各种美丽的鲜花是怎样开放的呢? 作者又是怎样写的呢? 我们一起走进课文。

四、聚焦第1段,感悟表达秘诀

(一)了解段意,尝试概括

出示课文相关句子。

师:老师把课文第1段中的几个句子变成了一首小诗,请大家齐读句子,仔细想想这些诗句写了什么?

齐读。

凌晨四点,牵牛花吹起了紫色的小喇叭;

五点左右,艳丽的蔷薇绽开了笑脸;

七点,睡莲从梦中醒来;

中午十二点左右,午时花开放了;

下午三点,万寿菊欣然怒放;

傍晚六点,烟草花在暮色中苏醒;

月光花在七点左右舒展开自己的花瓣;

夜来香在晚上八点开花;

昙花却在九点左右含笑一现……

师:刚刚我们读完的这些句子,可以用一句话来概括,怎么概括?

指名。

师:孩子们,你们看,诗句中的牵牛花、蔷薇、睡莲、午时花、万寿菊等用一个词概括,就是"不同的花";画横线的这些词语表示"不同的时间"。(指板书)所以这些句子的主要意思用一句话讲,就是:不同的花开放的时间是不同的。

生齐读本段总述句:要是我们留心观察,就会发现,一天之内,不同的花开放的时间是不同的。

小结:用总述句来概括也对。孩子们,在概括文中内容时,不要详细说哪一种花,可以用表示种类的词来概括,这样就能很简洁很准确地概括主要内容了。

(二)观察对比,发现词序的不同

出示句子。

> 凌晨四点,牵牛花吹起了紫色的小喇叭;
>
> 五点左右,艳丽的蔷薇绽开了笑脸;
>
> 七点,睡莲从梦中醒来;
>
> 中午十二点左右,午时花开放了;
>
> 下午三点,万寿菊欣然怒放;
>
> 傍晚六点,烟草花在暮色中苏醒;
>
> 月光花在七点左右舒展开自己的花瓣;
>
> 夜来香在晚上八点开花;
>
> 昙花却在九点左右含笑一现……

师:仔细观察,这组句子中,表示时间的词语在排列顺序上有什么特点?

生:是按照从早到晚的时间顺序写的。

师:词语在句子中的位置有什么不同? 这样写有什么好处呢?

生:有些时间的词语在句子的前面,有些在句子中间。

师:这样写,读起来更富于变化,表达不会单调,比较丰富。语言是活的,这样读起来更美,你的发现可真了不起。

(三)比较感悟,体会词序的作用

出示两组词序排列不同的句子。

凌晨四点,牵牛花吹起了紫色的小喇叭; 五点左右,艳丽的蔷薇绽开了笑脸; 七点,睡莲从梦中醒来; 中午十二点左右,午时花开放了; 下午三点,万寿菊欣然怒放; 傍晚六点,烟草花在暮色中苏醒; 月光花在七点左右舒展开自己的花瓣; 夜来香在晚上八点开花; 昙花却在九点左右含笑一现……	凌晨四点,牵牛花吹起了紫色的小喇叭; 五点左右,艳丽的蔷薇绽开了笑脸; 七点,睡莲从梦中醒来; 中午十二点左右,午时花开放了; 下午三点,万寿菊欣然怒放; 傍晚六点,烟草花在暮色中苏醒; 七点左右,月光花舒展开自己的花瓣; 晚上八点,夜来香开花; 九点左右,昙花含笑一现……

师:孩子们,你们看,表示时间的词语有时在前,有时在中间,太麻烦了。右边部分的句子,老师把时间的词语全部放在前面。对比一下,你们觉得怎么样?

生:不好。

师:为什么不好? 这样子岂不是更整齐?

师:好,不急。老师再举个例子:第一节课是陈老师上语文课,第二节课是黄老师上数学课,第三节课是吴老师上英语课,第四节课是郭老师上美术课。

变换位置后是这样子的:

第一节是陈老师上语文课;数学课是第二节课,黄老师在上的;英语课是吴老师在第三节上的;第四节课是郭老师的美术课。

师:这两个句子,哪个表达更灵活多样呢?

生:第二个。

师:没错,两种表达各有好处。表示时间的词语有时在前,有时在后,有时在中间,这样富有变化,会使句子更活,读起来也会更美。所以,这里,把时间的词语全部放在前面好吗?

生:不好。这样太单调。

(四)讨论发现,探究表达的科学准确

> 凌晨四点,牵牛花吹起了紫色的小喇叭;
>
> 五点左右,艳丽的蔷薇绽开了笑脸;
>
> 七点,睡莲从梦中醒来;
>
> 中午十二点左右,午时花开放了;
>
> 下午三点,万寿菊欣然怒放;
>
> 傍晚六点,烟草花在暮色中苏醒;
>
> 月光花在七点左右舒展开自己的花瓣;
>
> 夜来香在晚上八点开花;
>
> 昙花却在九点左右含笑一现……

师:我还有一个想法,你们帮我看看这样行吗? 这些表示时间的词语里,有四个词带有"左右",啰里啰唆的,我把它们都去掉,你们看行吗?

生:不行。

师:为什么不行?

生:因为有些花是整点开放的,有些不是,"左右"是大约的意思。

师:对,这体现了用词的准确,也体现了科普小文章的特点。

1. 口头填空,关注用词的准确。

师:孩子们,课文用不同的说法来表达鲜花的开放。 我们来看一看,用文中的话填一填,体会花开的样子。

出示句式,生按课文口头填空,后齐读。

> 牵牛花吹起了紫色的小喇叭
>
> 蔷薇绽开了笑脸
>
> 睡莲从梦中醒来
>
> 午时花开花了
>
> 万寿菊欣然怒放
>
> 烟草花在暮色中苏醒
>
> 月光花舒展开自己的花瓣
>
> 夜来香八点开花
>
> 昙花含笑一现
>
> ……

2. 对比，发现同一个意思不同的说法。

师：一个"开花"的意思，作者用了九种不同的表达方式。为了更简洁一点，老师决定把它改成这样：牵牛花开了，蔷薇开了，睡莲开了……昙花也开了。你看可以吗？为什么？

生：不可以，这样就写不出花开的美了。

师：是啊，那它是怎么把花写美的呀？

生：用了拟人句。

3. 朗读指导，体会作者的感情。

师：没错，作者把花当作人来写，这样花儿显得更加惹人喜爱。所以在读这些句子的时候，我们要带着喜爱的感情来读。

指名一生读，余生互评。

师引导有感情朗读。

师：要注重轻重缓急，有些词语可以读重一点。你能挑选一个最喜欢的句子，读给大家听一听吗？

生读。

师：真不错！读得很到位！请大家跟着读一遍。

范读。

师：拟人的句子声调要上扬，读重一点，表示时间的词语可以读轻一点。

齐读。

4. 学法小结。

师：孩子们，作者的语言是多么丰富，把花儿开放写得形式多样、丰富多彩。刚刚我们通过学习，有几个发现：一是段中有总述句，可以用来概括文章的主要内容。二是表示时间的词语，有时可以放在前面，有时可以放在中间，这样表达能使句子更生动。三是同一个意思，可以有不同说法。四是可以通过拟人、比喻等修辞手法来表现作者的喜爱之情。

五、快乐小练笔

1. 出示图片，观察交流。

师：老师给你们找来了一些花，以及开花的时间，还摘录了课文中描写花开状态的词组。你们能不能也像课文这样，选择自己最喜欢的花，用上恰当的词语，说一说。提醒：可以把表示时间的词语放在前面，也可以放在中间。

同桌互说。

指名交流。

师:孩子们,同样写花开,却可以有这么多不同的表达方法,我们祖国的语言是多么的富于变化,多么的丰富多彩呀。仿照第 1 自然段,根据给出的总述句,请你再选择三种花来写一写。写的时候,可以用上刚才学会的词语,也可以用上平时积累的词,看谁能把花开的样子写出来。

2. 练笔后轮阅。

3. 总结全课。

师(根据板书,师说生接):今天我们学习了《花钟》这篇课文。课文先写了(不同的花、陆续开放),还写了这样的(原因),这些花还可以组成(花钟)。作者为什么能写得这么好呢? 因为作者平时留心(观察),善于(思考),懂得(运用)。平时在生活中,我们也要学习作者,你就能表达得更好。不同的花为什么开花的时间会不同呢? 下节课我们再来交流这个问题,这节课就上到这儿。

【板书设计】

```
                              花钟

      不同的花

                  →    原因  →   花钟

      陆续开放

              观察   思考   运用
```

（执教:厦门市群惠小学　陈燕瑜）

9. 提炼观点

三上《我有一个想法》习作指导设计

关键词　提炼观点

本设计引导学生关注身边各种现象并作评论,一事一议,初涉议论。一是直截了当触及问题的敏感点,明确表达自己的观点,是非曲直,态度明朗;二是借鉴别人的观点为己所用,并提炼自己的观点,突出其特殊性;三是发表见解尽量客观,并求同存异,包容不同的观点。

我有一个想法

——统编版第五册第七单元

一、联系生活,说现象

(一)导入,说说遇到的难题

师:生活、学习中有让你们感到为难的问题,或者生气的现象吗? 比如某个同学影响你做作业还不讲道理;比如,你在路上走,有人骑电动车突然擦身而过,害得你差点摔了一跤……谁来说一说?

学生自由发言。

师相机引导:除了说个人难题,也可以说说其他不文明行为或破坏行为。

课件出示话题资料。

(二)范例指路,仿说观察到的现象

师:怎样把一种现象说清楚呢? 来看看这位同学是怎么写"爱玩手机"这一现象的。

课件出示范例。

指读。

我发现爱玩手机的人特别多。

上个月爷爷过生日,我们都去给他老人家祝寿。见姑姑一家、叔叔一家,还有我们一家都回去了,爷爷笑得合不拢嘴,不停地说:"都回来了? 真好! 真好!"

给爷爷祝寿后,小孩们就在一起玩手机游戏,大人们就各自看手机,很少一起聊天。一开始,爷爷看大家玩手机,还笑眯眯的,说:"你们玩! 你们玩!"后来,爷爷走过来想找人说话,大家却心不在焉,说没两句话就又低头玩手机。奶奶端来水果、点心,叫大家吃,大家连头都很少抬起来。慢慢地,爷爷脸上的笑容消失了。

吃饭的时候,大家终于放下手机,边吃边聊了一会儿天,爷爷脸上又露出了笑容。可是没过多久,大家又各自拿起手机,看的看,玩的玩。爷爷忍不住在饭桌上发脾气了:"你们到底是回来看我,还是看手机啊?"然后站起身来进了房间,砰的一声,用力把门一摔。

那天,大家不欢而散。

师:同学们会说了吗? 请看课件,从以下列举的问题或现象中选一项,学

着自己说一说。

课件出示话题材料。

> 个人的难题:作业拖拉　怕写作文　爱玩手机　不爱锻炼　吃饭挑食……
>
> 不文明行为:不节约水电　浪费行为　垃圾不分类　不排队礼让　不文明乘车　景区里乱涂乱画　马路上横冲直撞　闯红灯　乱停车　踩绿地　破坏公共设施……
>
> 不良影响——当事人的神态动作语言　当场造成的后果　旁人的反应

根据课件提示,同桌互说。

指名两三生说。

(三)拓展思路,引导说详细

相机引导从几方面说详细:那人当时的神态动作语言? 当时旁边人的反应? 你当时是怎么说的? 造成什么样的后果? 还有什么同类的现象?……

推荐一两生说。

二、深入思考,谈想法

(一)比较思考,说说不同现象的后果

师: 你觉得以上列举的行为,有哪些不好的地方? 会造成什么后果?

生自由发言。

课件出示提示语。

> 影响健康　　　违反规则
>
> 危及生命　　　扰乱秩序
>
> 影响个人形象　影响市容市貌
>
> 破坏环境　　　触犯众怒　引起公愤　　　……

师挑选其中一两种现象,示范说。

(二)根据句式,学习多方面评价现象

师: 请大家根据这个句式,选择一种现象作评价,表达自己的想法。

课件出示评价句式。

> 我觉得"＿＿＿＿＿＿＿＿＿"这种现象,会＿＿＿＿＿＿＿＿＿,会＿＿＿＿＿＿＿＿＿＿,会＿＿＿＿＿＿＿＿＿,还会＿＿＿＿＿＿＿＿＿。

指名。

同桌就某种现象互说想法。

三、讨论交流,提建议

师:针对这些不文明行为、破坏行为,同学们有改进的建议和办法吗? 请在小组里展开讨论,可以参考课件的提示说。

课件出示建议。

> 用监控追查,批评教育;
>
> 志愿者劝导,书面反思;
>
> 纳入黑名单,限制行为;
>
> 罚款罚劳动,予以警示;
>
> ……

小组讨论。

小组代表汇报。

四、范例引路,明要求

(一)出示要求,明确写话步骤

师:生活中确实有很多需要改进的问题。如果我们积极表达自己的想法,提出改进建议和解决办法,就能使生活变得更加美好。

[板书:**我有一个想法**]

师:今天就从自己发现的或同学列举的现象中选一个写一写,谈谈自己的想法,并提出自己的建议。

课件出示写作要求。

齐读。

> 1. 写的时候,要把这种现象和你的想法写清楚。
> 2. 如果有改进的办法或建议,也可以写下来。

[板书:**现象　想法　建议**]

(二)出示图表,构建思路

师:我们可以选择一种现象,按上面的三个方面写下来。

课件出示图表。

指名选一种现象口述作文作示范。

现象	想法	建议
不节约水电、不光盘行动、不垃圾分类、不排队礼让、不文明乘车…… 景区里乱涂乱画、马路上横冲直撞、闯红灯、乱停车、踩绿地、破坏公共设施……	影响健康 违反规则 危及生命 扰乱秩序 影响个人形象 影响市容市貌 触怒公众 破坏环境 ……	用监控追查，批评教育； 志愿者劝导，书面反思； 纳入黑名单，限制行为； 罚款罚劳动，予以警示； ……

(三)出示范例，完善思路

出示范例。

学生默读，然后说说这篇作文要怎么写，再动笔写作。

我有一个想法

地铁给我们的出行带来了方便。可是最近在乘坐地铁的时候，我发现了一些不文明的行为。

那天，我刚到地铁入口处，看到了几个小学生在扶梯上玩耍。他们上了扶梯，等扶梯下行了一小段后就往回走。来来回回，乐此不疲，甚至还在电梯上蹦跳。我赶紧上前制止了他们。

进了车厢，人不多，我找了个位置坐了下来。对面有一个小男孩，穿着某小学的校服，但是没有戴红领巾，估计是刚上一年级。旁边的应该是他妈妈，帮他抱着书包。小男孩站了起来，见过道没有人，就开始又蹦又跳，甚至还跳上去抓住了吊环，旁若无人地荡起秋千来。在同车厢人的制止下，才回到座位坐下。但是他一会儿躺下来，把脚放到座位上；一会儿自言自语，大声叫喊；一会儿从包里掏出食物，吃喝起来……坐在旁边的妈妈也不管，直到列车员过来。

在扶梯上玩耍，在车厢里在蹦跳，这些行为可能会影响到安全，甚至会危及生命；类似行为违反了规则，扰乱了秩序，不仅影响个人形象，还会干扰到他人……总之，此类行为是不文明的，要改正的。

我们可以安装监控，追踪到这些不文明行为的人，对他们进行批评教育；可以设立志愿者督导，及时制止不文明行为；可以罚款罚劳动，让他们吸取教训……

【板书设计】

我有一个想法
观察现象
表达想法
提出建议

（执教：厦门市群惠小学　罗旭芳）

第四章　言必有据，训练推理能力

推理是阅读理解过程的核心。掌握正确的推理方法，形成严密的逻辑推理思维，其语言表达将运思严谨，锋颖精密，极思辨之力。当前语文教学中存在不少问题：教师讲解以细节分析和判断正误为主，未能拓展学生的思维空间；学生对文本中的长句与难句的理解能力不足，导致对文本主旨理解的偏差；对阅读基本技能缺乏训练，导致无法深入文本……而媒体时代阅读的"短平快""碎片化"趋向，使得思维感性化、浅薄化。这一切都阻碍着学生推理能力的发展。

如何在语文教学中培养学生的推理能力呢？

一、筛选信息，梳理文脉，快速领悟文本的主旨

逻辑推理能力指迅速地掌握问题的核心，在短时间内作出最优选择的能力。信息的判断能力和选择能力对解决问题至关重要，阅读的指导重在训练如何获取有价值的信息，理清文脉，走进作者的思路，快速领悟文本的主旨。

文本提供具有背景的材料，往往出现大量多余的信息，如若文字量较大，情境较为陌生，更易对学生的阅读和分析产生干扰。学生如果缺乏亲身的体验，常常抓不到关键，无从下手。因此，要训练学生根据要求，在大量的多余信息中提取有价值的线索，还要围绕主题，理清这些信息之间的联系，以得出解决问题的方案。

熟练运用各种阅读方法以快速捕捉信息，就显得尤为重要，如默读，跳读，快读，浏览，猜读，互文阅读，检索阅读等。要指导学生，阅读时不要把思维停留在生词和难句上，以免造成阅读时间不够；要能边读边思考，猜测下文情节，把握各段重点句，各重点句中的关键词，以迅速领悟主旨；快速阅读时要学会寻找首段和末段的主题句，或各段的中心句来把握文章的脉络……

为此，可以指导学生尝试阅读三步骤：一读，通过默读、浏览等，进行扫描式阅读，以快速掌控全局式信息，胸有成竹地把握整体。二读，带着问题作检

索式阅读,检索信息,找出有价值的内容,即能解决问题的关键内容、核心信息,并作出标注。如文章中心句中心词,体现文章写作顺序的词,如果是非连续文本,学生要能够边读边理解图中的表面意思以及隐喻,表格中的关键数字,或者文中的关键词,尤其要关注标题、表头、图标等文字所指代的意思。三读,把分散的看似零碎的内容联系起来想,围绕主题形成关联。学生之所以对解决具有现实背景的问题存在一定的障碍和困难,主要是因为平时解决问题所设计的条件经常是不多不少,而现实情境是复杂多变的。因而要训练学生在阅读中,能基于问题,理清信息的关系,把各种信息材料,串联起来,以解决问题。

如学习统编版五上《新型玻璃》一文,要求学生在规定时间内完成三读。三读的任务分别是:课文主要写什么？五种玻璃的特点用途分别是什么？这篇说明文的写作目的以及用了哪些说明方法？学生先浏览课文,了解前五段主要写了五种玻璃的特点与作用,接着在文中分别标出"夹丝网防盗(玻璃)""夹丝(玻璃)""变色(玻璃)""吸热(玻璃)""吃音(玻璃)"的特点与作用,而后读课文最后一段,抓住"科技发展"这一关键词,明了作者的写作目的,最后标注出文中所运用的各种说明方法。这样,就能在短时间内筛选有用信息,掌握文本的核心内容。

又如,出示"某地学龄儿童生活习惯调查统计表"及《中国学龄儿童少年营养与健康状况调查报告》摘录,要求分别概括主要内容,并得出结论。学生要先提取"体育锻炼""吃蔬菜水果""每周连续上网超过 1 小时"三个关键选项,然后根据不同次数的百分比,概括主要内容。之后,关键在于把两则内容联系起来想,得出一个合理有据的结论。这就要求学生学会用综合的思维方式来认识问题,把两则材料看作一个整体、一个系统。也就是说,学生要在直观、简明、概括性强、易于比较的大量多余信息中,围绕"健康"思考两则材料的联系,得出结论:当前青少年健康问题令人担忧,与其日常生活习惯不良有关。

阅读指导中,应重在对文本内容进行理性思辨,考量文本形式的内在逻辑,强化学习活动中的思维体验,把看似没有关联的内容联系起来得出结论。学生就会明白:事物之间是相互作用相互联系的,解决问题要学会立足整体,统筹全局,选择最佳方案。经由思维的历练,学生把文本的阅读信息简约化,阅读认识将更深刻。

二、比较辨析，丰富想象，理解句段的多重含义

比较是归纳分类的前提。教师要引导学生在阅读中学会链接已有经验，同中求异、异中求同，去预测、连结、整合、推论，综合抽象出文本的内在联系，从而发展其分析、甄别、选择、评价的能力。

在阅读中，学生要能够在理解整体意义的基础上学会顺势而读，推测生词意思，明了上下文因果关系；透过语义的表层，读懂作者的言外之意，透视作者隐含其中的品位、情趣、情感、态度、观念的意蕴；把握文本的构架，概括文章的特点，了解观点与材料的契合度；捕捉同一单元课文的共同点，找到串联单元的主题；链接同一作者的其他作品或同一风格同一主题的多部作品，了解取材角度、叙述手段等的不同，更加深入地走进文本。

如统编版六上《少年闰土》一文，在梳理出文章写的四件事之后，引导学生多次比较朗读课文重点段"啊！闰土的心里有无穷无尽的稀奇的事……院子里高墙上的四角的天空"这段话。一读，概述文章主要内容之后，感受作者向往闰土描述的广阔的天地、自由的生活；二读，在拓展想象"我那时并不知道""我素不知道""我先前单知道"三句来对比闰土的生活之后，感受"高墙上的四角的天空"之含义；三读，在讨论"少年鲁迅生活就是处处不如少年闰土吗？课文写作目的就是这样吗？"之后，明白生活环境、条件的不同，导致两个孩子的差异。生活圈子狭窄，儿时鲁迅的成长受到种种束缚，自然会有对自由生活、对广阔天地强烈的向往。三读之后，教师再出示《故乡》一文中年闰土的描写片段，以及鲁迅生平的相关描述，引导学生链接阅读，把话题放在当时中国的大背景下讨论。这样层层深入辨析，就能客观全面地理解文本，领会作者的写作意图。

又如教学北师大版三上《丑小鸭》一文，有学生提出，"丑小鸭本是一只天鹅蛋，它不努力也可以成为一只白天鹅的！既是如此，它为什么还要离家出走？"教师可引导学生讨论，再观照安徒生的自传以及安徒生对丑小鸭的相关叙述，让学生明白，丑小鸭只是靠着一种生命的本能在不断逃亡，生命的意义在于过程。谁也不知道未来是怎样，但每一次努力，都会让生命更加精彩。

也就是说，教师要给学生提供多元的阅读内容与多元的文化滋养，提供多个阅读视角，引导其全面客观地看待事物，发展想象力，进而学会多角度认识事物。丰富想象，养成从多角度认识事物的习惯，全面地认识事物的内部与外部之间、某事物同他事物之间的多种多样的联系，从而促进知识的系统

化。知识的系统化不仅有助于学生理解和记忆学习内容，而且还能够使他们更加得心应手地提取和运用所学知识。

为此，教师要优化阅读教学过程：注重新旧知识的衔接，突出阅读重点；注重阅读技能的训练，如分析句子结构，读懂长句难句的大意，猜测人物的不同背景；设计多种问题，让学生或解释，或推论，或评价，或拓展，或在文中寻找证据；连接学生已有的知识经验，结合网络资源和现实生活，教给学法，推论疑点，在准确理解的基础上分析综合、评价鉴赏……

迅速发现事物的本质，敏锐地抓住事物的内在联系，是推理者必须具备的基本素质。在阅读中，引导学生客观认识事物，多角度看问题，优化思维方式，不断提升思辨能力，为构建完善的生活方式打下基础。

三、提取整合，假设验证，熟知基本的归纳演绎

缺乏逻辑推理能力，在语文学习上常表现为：列举事物时，标准前后不一致；解释词语时，出现循环定义或定义过宽过窄；阅读作答时以偏概全、要点不全或答非所问；写话时语序杂乱、不合情理或概念之间发生混乱……

为培养推理能力，教师应训练学生，学会快速捕捉文本关键信息，抓住核心句段，根据目标提取整合；引导在理解文本时，不能单靠直觉解读，要学会有根据地猜想，合情合理地分析；组织学生在阅读中参与推理，经历观察比较、提取整合、猜想验证、得出结论的全过程，学会从事物中发现规律，并进行推断。

语文学科在培养推理能力方面具有独特的优势，关键是教师要意识化，做到有目的有步骤，把零散的常规的训练整合起来，系统训练，以更好地提升。如句子衔接、病句修改、修辞辨析、语序调整、仿写句子、文章主要情节的提炼等训练方式，平时都在做，但没有系列化，讲解也只是判断正误，未讲明背后的原因及更进一层的要求，学生为做题而做题，即便做对了，也是知其然而不知其所以然。如学生写："自从与爸爸的那次长谈，我学习成绩提高了。"教师应让学生了解，长谈只是提高的原因之一，之外还有努力、学习技巧、与同学交流等原因，明白事情都是在具体情境中发生的，要学会追根溯源，并认识到，现实生活中事物存在着一因一果的情况是很少的，经常是多因多果。

也就是说，在阅读中，要注重情理分析，推崇说话有依据，讲究理性感悟。为此，要关注推理技巧的训练：一是引导学生面对多样的复合的问题情境时，能排除干扰，识别并抽象出本质规律，促进知识的灵活运用和广泛迁移，如链

接与文本相关的、相同的、相反的材料，以便学生提取其本质关系；二是要学会找证据和作假设，推理能力的提高很大程度上即是找证据与作假设能力的提高，要训练学生敏锐地捕捉并辨析文本中相关细节内容，能根据要求对课文句段进行熟练的重组和排序，按一定的顺序流利地复述课文等；三是要结合课文学习，引导了解并逐渐熟悉几种基本的推理方式，从特殊到一般的归纳推理，一般到特殊的演绎推理，特殊到特殊的类比推理；四是要常态化地组织学生在阅读中经历推理的全过程。

语文教材中有许多十分经典的培养推理能力的课文，如统编版二下《蜜蜂引路》、三上《找骆驼》、五下《晏子使楚》，北师大版四下《跳水》《太阳》等，教师要引导学生关注生动的故事情境背后的逻辑思维方式，体会故事情节是如何层层深入，既精彩吸引人，又无懈可击。更重要的是借鉴其思维方式，像排除法、递推法等。如《跳水》一文，理清文章线索后，了解水手、猴子、孩子、船长是怎样联系在一起的，从而明白小说线索安排、情节发展与细节渲染是怎样构成惊险的故事的，一切又在情理之中。再如《晏子使楚》一文，聚焦晏子三次针锋相对地驳倒楚王，用了不同的推理方式："狗国进狗洞"为假言推理，"下等人访问下等国家"为二难推理，"橘生淮南，枳生淮北"为类比推理。教师要引导学生通过反复朗读，懂得分清事实与假设的区别，学会做出合理假设。

通过学习，让学生体会到，论证要有一个观点，一个观点要贯穿多个步骤。因此，要清楚地表达出这个观点，措辞要精挑细选，每进入下一个步骤都要使用同样的词语，从而熟悉基本的归纳演绎类比方法。当学生建立起文本要素之间的多重链接和层次结构，能认识到知识运用的各种条件之间的内在联系时，其思维即更进一步。

四、追问因果，言必有据，学会严密规范地论证

推理还依赖于缜密的语言表达。严密规范的论证体现在主旨突出，结构严谨，条分缕析，言之有序，环环相扣，无懈可击，这背后需要强有力的逻辑思维支撑。王力先生曾指出，文章写不好，并不是由于他写了几个错别字，也不是因为他不懂语法，主要是逻辑思维问题。若文章逻辑严密合理，就会显得浑然天成、圆融丰满。

当前学生说话作文常常缺乏条理，不合逻辑，不会严密论证。如论点不明；论据堆砌或论据不足；运用例证论证时，大肆铺排，不会简明概括；现象和

结论之间常常缺少必要的分析和推论,留下了大量思维的"空白",随意地作出结论;不能严丝密缝地追根溯源,往往习惯简化推理导致强加因果……

语言是思想的表达,从审题、立意、选材、应用字词句篇到语言的润色加工修改,这是一个调动全部心智潜能、独立思考、自我表达的复杂过程。刘淼的作文心理转换理论认为:"完成书面表达要经过三级转换:思维到内部言语的转换,内部言语到外部言语表达的转换,外部书面表达的转换过程。"要想达到说理透彻、论证严密,不仅要积累语言、训练逻辑思维能力,还应引导学生建构思维与语言之间的转换图式,学会追问因果,言必有据,调动知识储备努力自圆其说。

教师可依据典范文本,示人门径。引导学生对文本"如何写"进行条分缕析的解剖和研究,熟悉并列式、递进式、对比式这三种常用的论证结构模式,并与典型文本相互映照,形成清晰的印象;引导比较观察文本采用了哪些论证方法,各有什么特点及好处,并反复模仿运用例证法、因果法、对比法、类比法、引申法等尝试论证。在深切体验的基础上,自主建构个性化图式,探寻论证推理的写作门径。

通过大量观察比较、反复模拟练习,学生就会逐渐明白:确立一个观点之后,要思考如何使用恰当的语言形式准确地表达对应的观点;可以根据写作材料的特点,找到文章的张力结构,确定行文的方向和重点,采用相应的排列方式构架论证思路,如树形图(对比式)、鱼骨图(递进式的因果追问)、五星图(并列式的多角度论述);写前要确定文章分几部分来论述,每一部分写什么,要达到什么目的;如何使用勾连技巧,把各部分缀连起来,使之成为一个有机的整体等。

论证能力关键在于逻辑和想象,这需要长期的培养。教师要注意:一是引导学生大量阅读高质量的相关文本,探寻作者是如何把握结构线索、情感基调、语言风格、文本主旨的,熟知文本的内在逻辑演绎,积累一定量的典型文体;二是要链接经验,关注精彩的当代生活,能够敏锐地发现问题,养成追问因果、联系比较的良好习惯;三是指导学生有思考有发现就及时记录,用关键字归纳主题,并将事件分门别类地保存。积累一定量的素材后,要学会分析过程和结果之间的因果关系,并总结规律。

这样,融入生活,对照自己的表达习惯,不断吸纳与积累典范的语言,就能逐渐改变学生原有的语言习惯,提高学生对语言的敏感力。陌生语言与熟悉语言的链接转换,使学生不断地处于同化、顺应、建构之中,在建构、突破、建构的循环往复中丰富语感,也不断改善学生的思维方式。这样反复训练,学生就能清晰有条理地表达自己的思考过程，做到言之有理，落笔有据，周密论证，不断提高推理能力。

语文不仅是一种能力，更是一种良性生活方式。阅读教学应关注推理能力的培养，引导学生在阅读中改进自己的思维方式、生活态度和处事方式，从而增强自我认识，提高生命质量。

10. 提取信息

二下《小毛虫》教学设计

关键词　提取信息

本设计引导学生带着目标去搜索，筛选有效信息，条理清晰、系统化地表达观点。面对海量信息，学会找结论提示词，如"因此、最后"等，知悉观点所在位置，如开头结尾或过渡段。此外，要学会判断信息的真实性：要有客观事实支撑的理由，事实和理由，理由和结论之间要有证明和被证明关系。

小毛虫
——统编版第四册第七单元

一、激趣导入，了解主要内容

(一)出示图片，简介故事

师：同学们，看，这是一条笨拙的小毛虫，它费了九牛二虎之力，只挪动了一点点。可是它从不悲观失望，每天尽心竭力地抽丝纺织，为自己织了一个茧屋。过了很长很长时间，小毛虫醒了过来，发现自己变成了一只美丽的蝴蝶。

(二)借助句式，试说主要内容

师：请看，这就是刚才老师讲的故事。现在我们一起看图，和老师一起讲讲这个故事。

出示课件，师说生接，叙述课文主要内容。

> 一开始时，它是一条（　　　）。可它并不悲观失望，它每天都尽心竭力地（　　　）。这样过了很久很久，她终于从茧屋里挣脱出来，变成了一只（　　　）。

师：这就是我们今天要学的课文——《小毛虫》。

齐读课题。

二、检查预习，识字学词

(一)检查预习，读词正音

师：请打开课本 P96—97，轻声读读课文，先读准字音，读通句子。再把生字栏的生字读给同桌听，互相纠正字音。

检查学习情况。

课件出示本课生词。

> 昆虫　可怜　挪动　仿佛　尽管　任何　纺织
> 尽心竭力　规律　等待　挣脱　愉快　绒毛
> 笨拙　编织

1. 生自由读词。

师：看你们读得这么起劲儿，生字栏里的朋友迫不及待出来和你们见面了。会读吗？请看屏幕，自由读读这些生字。

生自由读生词。

2. 抽查易错词。

师：现在老师抽查几个词语。

师指"尽管、仿佛、挪动、编织、笨拙、挣脱"，生齐读，师正音，提醒读这些词语要注意的地方。

师：让我们一起读读这些生字吧，每个词语读两遍。

生齐读生词。

(二)观察词语，掌握识字规律

1. 了解偏旁与字义的关系。

指读"可怜、愉快"，生读。

师：你发现了什么？

引导学生发现生字的共同点：带"忄"的字大多和心情有关。

师：理解词语时，可以观察它的偏旁。许多偏旁会提醒我们这个字的意思。

2. 表演促进词语的理解。

齐读"挪动"。

师：挪动是什么意思？请一位同学挪到第一排来。

生上台表演"挪动"。

师：像他这样一点点地、慢慢地移动就叫作"挪动"，所以我们读的时候要读得慢慢的。

生读。

师：把"挪动"放入句子中读一读，注意要读出极慢的状态。

生齐读：小毛虫费了九牛二虎之力，才挪动了一点点。

总结：同学们，学习生字要注意读准字音，认清字形，了解字义。

[**板书**：音、形、义]

(三)抽取关键词，表演朗读

出示 P98 课后"读一读，记一记"的六个词。朗读表演，理解成语。

生机勃勃	色彩斑斓
尽心竭力	与世隔绝
笨手笨脚	九牛二虎之力

师：这六个词语可有意思了，老师希望通过你们的朗读语调，告诉大家你已明白它的意思。

范读，齐读二遍。

(四)以词为支架，串说主要内容

师：通过你们朗读时语调的高低轻重，老师知道，你们已明白词语的意思了。老师还从课文中整理了几个词组，这几个可是很难哦！你们会读吗？自己试试吧！

出示词组，生齐读。

趴在叶子上	挪动一点点	笨拙地爬
抽丝纺织	尽心竭力地工作	耐心等待
灵巧地挣脱	愉快地舞动	飘然而起

师：哪个同学愿意根据老师的提示来读读这几个词语？

指名。

师：接下来，我们来连词说句，合作串词说课文内容。

师：一只可怜的小毛虫(趴在叶子上)，它费了九牛二虎之力，才(挪动了一点点)，它不停地(笨拙地爬)。它每天都(抽丝纺织)，(尽心竭力地工作)，它在茧屋里(耐心等待)，过了很久很久，它从茧子里(灵巧地挣脱)出来，它的双翅(愉快地舞动)着,它(飘然而起),飞呀飞,它成了一只美丽的蝴蝶。

师:你和老师配合得真默契,全班同学一起试试吧!

生齐串说。

师:刚才你们已经能借助提示把这个故事讲出来了,把掌声送给自己。

三、学讲故事,理解如何陈述事实

(一)筛选信息,了解课文框架

师:看看课文是怎么写这个故事的。这三幅图分别对应课文的哪几个自然段?请用方框在第1、2自然段中标出"小毛虫",在第3至5自然段中标出"茧",在第7自然段中标出"蝴蝶"。哎,你们发现了什么?课文中没有"蝴蝶"这个词,那么蝴蝶应该补在哪里呢?请把它补在第7自然段的末尾。

生根据提示在文中做标注。

引导标出小毛虫变化的几个阶段。

(二)朗读感悟,理解小毛虫的坚持

师:刚才通过做标注,我们知道这篇课文讲的是小毛虫变成茧,最后破茧而出变成蝴蝶的故事。通过读课文,我们知道小毛虫变成蝴蝶可真是太不容易了。我们可以通过朗读语调,将这种不容易表现出来。这里有三段超级难的句子,老师想考考你们。

1. 指导读第2自然段,理解坚持的不易。

> 小毛虫费了九牛二虎之力,才挪动了一点点。当它笨拙地从一片叶子爬到另一片叶子上时,它觉得自己仿佛周游了整个世界。

师:请看这两句话,老师告诉你,要读好这个句子,要注意这三个词。"九牛二虎之力"是指用了很大的力气,要读得有力。而"挪动"是一点点移动,显得特别笨拙,所以要读得慢点儿。听明白了吗?

指名读,再齐读。

2. 评读第4自然段,体会努力的过程。

> 小毛虫一刻也没有迟疑,尽心竭力地工作着。它织啊,织啊,最后把自己从头到脚裹进了温暖的茧屋里。

师:从这句话,我们可以看出它抓紧时间,努力工作。所以要读得快而有力。

一、二组读,三、四组读,再齐读。

师相机点评：读得真好，真是一只努力织茧的小毛虫。

3. 赛读第 7 自然段，感受成功的喜悦。

> 它灵巧地从茧子里挣脱出来，惊奇地发现自己身上生出了一对轻盈的翅膀，上面布满色彩斑斓的花纹。它愉快地舞动了一下双翅，如绒毛一般，从叶子上飘然而起。

师：笨拙的小毛虫变成了一只轻盈美丽的蝴蝶，这是多么令人惊喜的一件事呀。"如绒毛一般"，要读得轻点儿。所以句子要读得轻快些，读出那份惊喜。

同桌先互相读，男女生再比赛读。

（三）回归整体，感悟结论的真实可靠

集中之前所出示第 2、4、7 自然段的 6 句话。

师引读生接读。

师：听你们读得这么精彩，我也想加入你们。一起来合作读。

小毛虫费了九牛二虎之力，——

当它笨拙地从一片叶子爬到另一片叶子上时，——

小毛虫一刻也没有迟疑，——

最后把自己——

过了好久好久，它清醒了过来，它发现自己变了——

它愉快地舞动了一下双翅，如绒毛一般，——

总结：刚才我们通过朗读将小毛虫结茧化蝶的故事讲述了出来，真是厉害。你们能推荐一位同学来根据这些重点词把这个故事讲给大家听吗？

[**板书：重点词**]

课件出示重点词。

趴在叶子上	挪动一点点	笨拙地爬
抽丝纺织	尽心竭力地工作	耐心等待
灵巧地挣脱	愉快地舞动	飘然而起

指名生根据词讲述故事内容。

四、聚焦易错字，指导书写

师：讲述故事这么难的事儿，你们都挑战成功了，相信书写生字一定难不倒你们。请看课本的生字。你觉得哪些字比较难写？

指名。

师范写："整""编"。

生描红书写。

师讲评指导。

五、总结全文

师：这节课，我们懂得了识字要读准字音，认清字形，还要了解字义。课文都是有重点词的，要学会抓重点词了解主要意思。回家请把小毛虫结茧化蝶的故事讲给爸爸妈妈听吧。

【板书设计】

小毛虫

结茧

化蝶

看音形义　　抓重点词

（执教：厦门市群惠小学　林如晶）

11. 归纳演绎

六下《表里的生物》教学设计

关键词　归纳演绎

现代社会的思维高手都能游刃有余地使用归纳和演绎。本设计学习如何用具体事例说明自己观点，初步习得归纳演绎的方法：思考要舍弃具体细节，寻找总体共性；要关注事物的共同特点，也要返回比较事物的个别性，基于个别性再推导新结论。循环往复，步步深化。

表里的生物
——统编版第十二册第五单元

一、定向导入，概览全文

（一）明确学习目标

师：同学们，让我们继续学习第五单元课文，请看单元导读。

出示单元导读内容。

> 科学发现的机遇，总是等着好奇而又爱思考的人。
>
> 体会用具体事例说明观点的方法。
>
> 展开想象，写科幻故事。

师：请同学们齐读单元导语和单元要素，了解一下学习本单元的目标。

生齐读。

师：本单元要求我们学会用具体事例说明观点，展开想象写科幻故事。

（二）概括主要内容

师：这节课，我们继续学习《表里的生物》，体会用具体事例说明观点的方法。一起读读课题。

生齐读课题。

师：上节课，我们已经初步学习了课文的第一部分。请同学们回顾上节课的学习内容，说说课文讲了一件什么事？

指名概括主要内容。

师相机点拨。

二、整体感知，提炼学法

（一）舍弃细节，了解议论文三步骤

提出观点	真理诞生于一百个问号之后
	紫罗兰花瓣的变色
证明观点	地球上所有的大陆能较好地吻合
	睡觉时眼珠的转动
总结观点	知微见著，不断探索

师：同学们，《表里的生物》是记叙性议论文。之前我们学过的同类议论

文《真理诞生于一百个问号之后》这一课,是怎样用具体事例来证明作者观点的?

师:作者提出的观点是什么?

生:真理诞生于一百个问号之后。

师:运用哪三个事例证明观点?

生:紫罗兰花瓣的变色、地球上所有的大陆能较好地吻合、睡觉时眼珠的转动。

师:最后作者总结的观点是什么?

生:见微知著,不断探索。

(二)寻找共性,明确事例与论点的关系

师:同学们,《真理诞生于一百个问号之后》一文,作者先提出观点,接着用三个事例证明观点,最后总结观点。今天我们也学习这种方法,看看《表里的生物》,是用哪些事例来证明自己观点的?

指名。

[板书:鸟、狗、蝉、虫、钟、三弦　表里有蝎子]

师:这些事例中,哪些是略写?哪些是详写?

[板书:详　　略]

师:这样写的好处是什么?

指名。

(三)自学课文,理清线索

师:表里真的有蝎子吗? 当父亲打开表,作者看到表里的世界是怎样的? 在一步步验证中,作者的心情发生了哪些变化? 为什么会有这样的变化呢?

课件出示自学要求。

> 默读课文,完成下列任务:
> 1. 表里的世界是怎样的? 在文中用"＿＿＿＿＿＿"划出来。
> 2. "我"的心情发生了哪些变化? 用"〇"圈出写"我"心情变化的词语并用"( )"标出变化的原因。

师:快速浏览课文,完成自学任务。

生自学。

(四)朗读感悟,把握如何写具体

1. 导读心情变化的语段。

师:表里的世界到底是怎样的呢?

指名。

再齐读。

师:作者在一步步验证观点的过程中,心情发生了哪些变化? 为什么会有这样的变化呢? 我把同学们刚才找到的心情变化的句子和心情变化的原因整理了一下。

出示写"我"心情变化的语段。

> "不许动",里边该是什么东西在响呢? 我对于它的好奇心也一天比一天增加。
>
> 越不许我动,我的手指越想动,但是我又不敢,因此我很痛苦。
>
> 没有请求,父亲就自动给我看,我高兴极了。
>
> 我看得入神,唯恐父亲再把这美丽的世界盖上。
>
> 我吓了一跳,蝎子是多么丑恶而恐怖的东西,为什么把它放在这样一个美丽的世界里呢?
>
> 但是我也感到愉快,证实我的猜测没有错:表里边有一个活的生物。

师:我来读心情变化的词语,同学们来读心情变化的原因。

师生合作读。

师:我好奇是因为——

生:里边是什么东西在响呢?

师:我痛苦是因为——

生:越不许我动,我的手指越想动,但是我又不敢。

师:我高兴是因为——

生:没有请求,父亲就自动给我看。

师:我唯恐是因为——

生:父亲再把这美丽的世界盖上。

师:我吓了一跳是因为——

生:蝎子是多么丑恶而恐怖的东西,为什么把它放在这样一个美丽的世界里呢?

师:我愉快是因为——

生:证实我的猜测没有错:表里边有一个活的生物。

师:正是在这种好奇、痛苦、唯恐、吓了一跳、愉快的心情变化过程中,作者一步步证实了自己的观点。

2. 分组朗读,评议人物。

分组再次合作读。

师:作者是一个怎样的孩子?

生:好奇、幼稚、爱思考、爱观察、勇于探索……

师:你们回答得真不错,我们可以用四字词语来概括,那就是善于观察、勤于思考、勇于探索。

(五)观察句子,发现写法

师:刚才我们读的心情变化的句子属于什么描写?

生:心理描写。

师:你还能找出其他写法的句子吗?

生:动作描写。

师:可以找出是哪些动词吗?

生:伸。

师:动作描写文中出现的不太多,我们要找到主要的描写方法哦!

生:语言描写。

师:是啊,文中大量运用了语言描写,你能找出具体段落吗?

指名。

(六)角色朗读,感悟事例的真实有力

师:男生读父亲的话,女生读作者的话,老师读旁白。我们一起朗读这一段。

课件出示两次对话。

师生合作朗读。

一天,我对父亲说:"我爱听这表的声音。"

我一边说一边向着表伸出手去。父亲立刻把我的手拦住了,他说:"只许听,不许动。"停了一会儿,他又添上一句:"小孩儿不许动表。"

有一回,父亲又把表打开了,我问:"为什么还蒙着一层玻璃呢?"

"这就是叫你只许看,不许动。"父亲回答。

"为什么呢?"我又问。

"这摆来摆去的是一个小蝎(xiē)子的尾巴,一动就要螫(zhē)。

三、交流升华

课件出示结尾段。

> "这样的话我不知说了多久,也不知道到什么时候才不说了。"

(一)联系实际,理解主旨

师:文章结尾出现了这么一句,齐读。

齐读。

师:这样的话指什么话? 用"﹏﹏"画出来。为什么说了很久,后来为什么又不说了? 你也有这样的经历吗? 和同桌交流。

生画出后,同桌交流。

师:这样的话指什么话?

生齐读:我有蟋蟀在钵(bō)子里,蝈(guō)蝈儿在葫芦里,鸟儿在笼子里;父亲却有一个小蝎子在表里。

师:为什么说了很久,为什么又不说了?

指名。

师:你也有这样的经历吗?

生:流水声、手机、电视、雷声、雨声……

(二)总结全课,阅读迁移

师:同学们,这节课我们收获了什么?

指名。

师:除了《表里的生物》,同一时期,冯至还写过《彩色的鸟》《猫儿眼》,课后同学们可以找来读一读。

【板书设计】

> 表里的生物
>
> 鸟　狗　蝉　虫　钟　三弦(略)
>
> 表里有蝎子　　　　　　　(详)
>
> 善于观察　勤于思考　勇于探索
>
> 心理描写　　语言描写

（执教:甘肃省临夏县韩集镇双城中心小学　王晓霞）

12. 追因溯果

三下《我变成了一棵树》教学设计

关键词　追因溯果

　　本设计由果溯因,先见结果,根据"变成了一棵树"追究其发生的原因。分析现象,揭示事物间的因果关系。学生学会初步的研究方法:根据既定事实,假设可能的原因,设置比较的对象并找出根本原因,多举各类典型事例反复验证。

我变成了一棵树
——统编版第六册第五单元

一、说话训练,导入新课

　　(一)由果溯因,句式训练

　　师:孙悟空、超人、蜘蛛侠、哆啦 A 梦……都是超级厉害的形象! 谁来说说,你最喜爱的超级厉害的形象是什么? 请用上这样的句式。

　　课件出示句式。

我喜欢＿＿＿＿＿＿＿,因为＿＿＿＿＿＿＿＿＿＿。

　　指名两三生说,相机点评。

　　(二)了解想象,导入新课

　　师:很多超级厉害的形象是人们想象出来的。想象可以改变世界。爱因斯坦说:"想象力比知识更重要。"(生齐读)这节课,让我们一起学习新的一课——《我变成了一棵树》,继续走进想象的世界,感受想象的神奇。

　　(三)齐读课题

　　全班齐读课题。

二、整体感知,支架训练

　　(一)整体把握,概括全文

　　师:预习过课文了,谁来说说课文主要讲了什么?

指名。

(二)出示支架,训练概括

出示全屏课文,把关键词句用横线标出。根据下面段落里画横线的句子,同桌互说课文的主要内容。

> 我变成了一棵长满各种形状的鸟窝的树:三角形的、正方形的,还有长方形的、圆形的、椭圆形的、菱形的……风一吹,它们就在枝头跳起了舞。
>
> 妈妈打开背包,从里面拿出好多东西:巧克力、香肠、面包、花生、牛奶……她把这些好吃的分给小动物们。他们一起在我的鸟窝里津津有味地吃了起来。
>
> 唉,变成一棵树真麻烦。他们连水珠是从我的嘴巴里流出来的都不知道。

师:读书要善于从课文中寻找主要词句。把这些主要词句找出来,连成通顺的话,就是主要内容了。

(三)借助短语,再练概括

出示短语,指名说课文的主要内容。

> 我变成了一棵树
>
> 长出各种鸟窝　　　住进许多小动物
>
> 妈妈分好吃的　　　"我"馋得流口水

小结:用上课题,串联课文的主要词句,也是概括课文主要内容的一种方法。

三、学习字词,扫清障碍

(一)指导读准会认的字词

出示带有本课会认生字的词语。

> 希望　　鳄鱼　　秘密　　糖醋排骨
>
> 香肠　　痒痒　　丁零

男女生接力读。

正音;"醋"是平舌音,"痒痒""丁零"是后鼻音,后一个字要读轻声。

全班再读。

(二)指导书写易错生字

出示生词。

形状	狐狸	丁零	巧克力
香肠	继续	抬头	秘密

指名说说哪些字比较难写或容易写错。

重点指导:"状、零"别少写了一点,"秘密"中"必"的笔顺。

生书空易错字。

四、走进想象,细读课文

（一）抓住现象,分析原因

课件出示,生快速浏览课文,思考问题。

默读课文,按要求完成任务:

1."我"的秘密是什么？用括号标出。

2."我"变成一棵树后有哪些变化？用横线画出来。

3."我"希望自己一直是一棵树吗？为什么？用波浪线画出表现"我"心情变化的语句。

（二）陈列现象,归结原因

1. 抓住重点句,朗读感悟。

师:"我"的秘密是什么？

指名。

课件出示文中重复出现的三句话。

指导朗读下列三句话。

我变成了一棵树。

我变成了一棵树！

呀,我真的变成了一棵树！

2. 摘录"我"变化的语句,理解因果。

师:"我"变成一棵树后,身上有哪些变化？

指名两三生说。

出示课文中摘录的语句,师生接读。

我变成了一棵长满各种形状的鸟窝的树

我会弯下腰

一些树枝轻轻地垂下

我的肚子里发出一种怪怪的声音

树干上不断往下滴水珠

出示以上语句整理成的一段话，生齐读。

我变成了一棵树，树上长满了各种形状的鸟窝，会弯下腰，会把一些树枝轻轻地垂下，肚子里会发出一种怪怪的声音，树干上会不断往下滴水珠，那是我流的口水。

3. 筛选心理变化的词，由果溯因。

师：这真是一棵神奇的树！你们看，把从课文中摘录出来的语句串联成一段话，我们清楚地知道了"我"变成一棵树后有哪些变化。多么有意思！"我"希望自己一直是一棵树吗？为什么？

指名两三生说。

根据生发言，相机出示以下语句。

[**板书：惊喜——高兴又失望——后悔——无奈——欣慰又奇怪**]

呀，我真的变成了一棵树！

她不知道我变成了树！我有点高兴，又有些失望。

我开始想念家里那些香喷喷的饭菜。

唉，变成一棵树真麻烦。他们连水珠是从我的嘴巴里流出来的都不知道。

噢，最了解我的人到底还是妈妈。

哎呀，她是怎么知道我的秘密的？

4. 引读句段，体会心情。

师：我很惊喜，是因为——

生：我真的变成了一棵树！

师：我既有点高兴又有些失望，是因为——

生：她不知道我变成了树！

师：我开始后悔了，是因为——

生:我开始想念家里那些香喷喷的饭菜。

师:我十分无奈,是因为——

生:他们连水珠是从我的嘴巴里流出来的都不知道。

师:我感到欣慰又很奇怪,是因为——

生:最了解我的人到底还是妈妈,她是怎么知道我的秘密的?

5. 说话训练,言之有据。

课件出示句式。

当 _____	时,我很惊喜。
当 _____	时,我既有点高兴又
有些失望。	
当 _____	时,我开始后悔了。
当 _____	时,我十分无奈。
当 _____	时,我感到安慰又很
奇怪。	

学生根据课文内容互说句式,再指名。

交流后,生用波浪线补画表现"我"心情的语句,并把表示心情的词标注在句段旁边。

五、随堂练笔,举例验证

课件出示练笔提示。

"小馋猫,肚子饿了,对吧? 英英!"妈妈说话了,还对我眨了一下眼睛。此时的我会怎样呢?
_____
_____

指名几生接力想象说。

若有时间,当场练笔。若不够时间则当课后作业。

六、课后拓展,感悟想象要有依据

课件出示补充资料。

108

《爱丽丝梦游仙境》——爱丽丝掉进了兔子洞，时而变大时而变小……

《绿野仙踪》——小女孩多萝茜和她的小狗托托，被龙卷风带到了一个神奇的国度，遇上了稻草人、铁皮人和小胆狮……

《宝葫芦的秘密》——小学生王葆偶遇传说中能实现任何愿望的宝葫芦。宝葫芦能让王葆要什么有什么，想什么就成什么，还能变成各种形状……

《查理和巧克力工厂》——巧克力工厂里有飞流而下的巧克力瀑布、流淌着棕色糖浆的河，有大片大片的口香糖草地、牛奶糖堆成的山……

《长袜子皮皮》——皮皮力大无比，能轻而易举地把一匹马、一头牛举过头顶，能降服食人的大鲨鱼，有取之不尽的金币……

指名一组学生接力读提示语，生同桌交流上述书目。

师相机推荐阅读。

【板书设计】

我变成了一棵树

惊喜——高兴又失望——后悔——无奈——欣慰又奇怪

（心理描写）

（执教：厦门市群惠小学　罗旭芳）

第五章　辩论评析，提升思辨力

语文教学应发展学生的思辨能力，在当前已成为共识。思辨的语文课堂以问题为基点，强调一个"思"字，通过多视角的阅读，引导展开符合逻辑的论述，让学生在课堂上真切体会到好奇、思考、辨析、研究的魅力。在质疑与争鸣过程中不断反思，在阐释与分析过程中不断修正，学到一辈子有用的真语文：独立的思考、理性的分析、辩证的表达。

一、多视角阅读，发展独特灵活的思维品质

阅读教学以影响思维方式和行为效率为重点，在 21 世纪，没有独立思考，生存的空间就会越来越小。对任何一个文本，教师应尽可能给学生提供开放的阅读内容和多元的文化滋养，结合网络资源引导自主拓展阅读，并反观现实生活，发现、质疑、辨析，保持不拘泥于常规的、原生的、自由创造的思维能力，能够进行多元化、多维度和多样化的思考和思维。

引导学生展开深入的多视角的阅读，要适量、适时、适度地引入文本背景资源，如作者介绍、时代背景，打开学生的阅读视野，缩短与作者思想、情感之间的距离，让学生在复杂的文化与冲突中学会思考，学会判断和选择；注重多部作品的关联与比较，介绍与文本相连、相近、相反的作品，如学习统编版四上丰子恺的《白鹅》一课，可联系课文《牛和鹅》以及苏联作家叶诺索夫的《白公鹅》等文，通过对比更好地揭示出作品的独特风貌，给学生提供不同的视角，让其感悟到一个事物可以从多个视角去审察；也可对异于常规的相关作品作分析、探究，甚至是有争议的问题，教材中的不足……引导全面而客观地看待问题，培养怀疑和探索精神。

其次，基于课文引导进行跨学科拓展阅读，如相关专业科学小论文、说明类的文章，将语言学习融入社会、自然、文化等学科构架中，在更加宽泛和自由的知识视野中思考问题。学生广泛阅读不同学科的文本，获得语言的直接经验，有助于建立多元知识结构和技能体系。如学习统编版五下《彩色的非

洲》一文，可围绕"非洲"主题，出示几类不同的文章延伸阅读：科学家眼中的非洲、地理书上的非洲介绍、外交家眼里的非洲、旅行者看到的非洲……在这样的延伸比较阅读中，学会关注事物的多重内涵，发现其实事物往往存在着两面性，甚至多面性。

多视角的阅读，还包括为学生提供多种介质的文本环境，如结合网络资源的自主移动学习。基于各种论坛、博客、书签等载体，学生自主支配阅读过程，在多元的文本形式和文体类型中选择，有机会对阅读文本展开互动，在交流和分享中学习。这一过程中，学生学会在海量的资源中挑选、甄别，建构自己需要的知识体系，在多种情境、脉络中理解社会，从而培养积极适应生存、主动谋求发展的人生态度。

此外，多视角的阅读还应观照学生所置身的特定时代、生活场景。语文教学要通过学生的生活经验世界，帮助学生实现人类文化世界与学生精神世界之间的沟通与转换，在转换过程中，实现知识经验的不断发现和重组，提高读写能力。如学习《丑小鸭》一文，有学生提出：丑小鸭本是天鹅蛋孵成的，它不努力也能成为天鹅！就像那些富二代！此时可引导讨论，离家、出逃，都是丑小鸭主动追求美好的体现，生命的意义在于过程！教师要引导学生关注现实生活，将文本语言与当前社会生活进行一次次的映照和比较，在时代的脉动中发现、思考、表达，培养符合常规、符合逻辑的生活态度与生活情趣。

任何一篇文章都具有一种自足的形式，用宽阔的胸怀、多元的视野解读，学生阅读过程中的思辨与阐释，是阅读教学的最大追求。基于文本中"似是而非"的模糊处，"以白当黑"的空白处，"以一当十"的凝练处，"语微旨隐"的含蓄处，"戛然而止"的结尾处……引导学生在独立解读的过程中，发现、质疑、辨疑、释疑，让学生懂得，任何观点，都应基于背景、资料的考证，从而形成反思习惯，获得更大的理性思考空间。

多元的阅读内容，有助于学生形成广阔的智力背景。这些相似或相反的文本资源之间蕴藏的巨大信息，经整合后连接成为一个整体，这个整体形成一个模块，其中就有千万个接触点是同文本相通的，学生一旦触及模块中的一个信息，相关信息就会立刻出现在头脑中，因此触类旁通。在这样的综合运用阅读中，不断发展由此及彼的联想力，感悟到世间万物相互关联、平衡相对、相互依存的哲理，思维因此得以拓展。

二、组织严密的论证，学会符合逻辑地推理

论证过程是一个需瞻前顾后、有序表述的过程，也是生成系统性的认知

结构和结构化思维方式的必然要求。一个良好的论证须是思路清晰严密、分析精辟独到、用词准确精当,这也是思辨能力的主要特征。学习论证的过程也是砥砺思维的过程,在面对某种意见时,能对其可靠性进行独立的、有条理的分析与考察,形成客观的生活态度,提升生命的价值。

组织良好的论证,首先要精读文章,掌握论证的基本结构,模仿尝试。以教材中的科普文、议论文为范例,引导学生懂得:任何一个论证都是由论题、论据和论证方法三个要素构成的。说明一个观点,要先确定观点,再筛选论据,然后组织论证。科普作品的重要特点在其所包含的科学精神、求真意识上,体现在表达上是充分的论证、符合逻辑的思维、富有条理的结构及准确严密的语言。如北师大版五上《黄河象》一文,科学家从黄河象的骨骼化石假想推断黄河象化石的来历,想象细致、严密、合理,这一逆推的过程中,每一个想象的环节,都有相应的材料和细节来支持论证。走进作者的思路,学生明白:论证就是基于事实组织材料说明自己的观点的过程。

议论文语言准确、简洁、严密,构篇主要是按照事理的逻辑联系进行安排的,应是学习论证的重要依托。学习议论文,能够学到缜密的思维、结构的布局和语言的精准。如统编版六年级下册《真理诞生于一百个问号之后》,可引导学生站在篇章的角度,理出文章论证结构:提出观点—论证观点—总结观点。通过结构,找准课文的论点,即"要在生活中发现真理,就必须有敏锐的目光,锲而不舍地追根求源",明白一篇文章的论点只能有一个,论点一般在篇首,也可在篇末呼应强化;要使人对论点信服,可以有多个论据,如文中用了三个具体典型的事例:洗澡水的漩涡、紫罗兰的变色、睡觉时眼珠的转动,这些很平常的事情,三位科学家却能从中有所发现,有所创造。

通过学习,引导学生学会搭建论证的基本结构,即开头提论题或论点,主体部分应选用材料并分层次论证观点,结尾归纳总结。论证时,每一个论据可采用"引用—议论—联系—分析—总结"等方法完成论述。这样基于篇章俯视全文,把握结构,让学生体会到,确立观点后的斟酌、思谋、构制文章蓝图、聚材取事等都应围绕论点。另外,精选例文,延伸阅读,引导学生发现:论证一般采用递进式,即:是什么、为什么要这样、怎么才能做到,由此及彼,由浅入深,环环相扣;也可通过正反对比或相关比较,做到主次分明,突出论点;此外,总分式、并列式也是常用的论证结构。

其次,还要借助范文有序训练,以熟练运用论证的一般方法,可先逐项训练常用的论证方法,如事实论证、比较论证、比喻论证、因果论证及道理论证等。统编版五年级上册《蛇与庄稼》一文,通过因果、连锁、相承、分合等逻辑关系来构思组篇。引导学生观察课文如何运用因果论证，同时学习多角度地分析原因和结果，比如一果多因、一因多果、同因异果、异因同果以及互为因果等，而且必须说明在什么条件下，因果才会发生互相转化。

好的论证结构适当，条理清晰，论述观点有理有据，批评观点客观公正。因而，一方面要在培养学生的思维上下功夫，包括思维的发散、聚合，思维的敏锐、批判等等，经常进行分析、综述方面的训练，帮助学生熟练运用论证方法；另一方面，根据能力形成的规律，坚持由点到面，由少到多，由局部的熟练到整体的协调的做法，既重视单项训练，又重视整合训练，使学生的论证技能由单一到复合，再到协调和自动化。

再次，把握要点，才能组织良好的论证。学会从最基本的、最易解决的小问题入手，层层剥笋地进行有序思考，由形象具体到抽象复杂，使论证有序有层次；通过举一反三、触类旁通，在有效的总结与反思中，把论证引向深入；联系前后知识，把问题放在有联系的情景中解决，而不是孤立地看待问题，才能使论证有系统。此外，要使论证严密与周致，还必须明晰论点的内涵与外延，涉及的相关概念与判断都必须一清二楚；厘清诸论证中各观点之间的关系，有条不紊地阐明这些内容，尽量不留漏洞，不露破绽。

推理论证的过程也是磨砺思维的过程，让学生拥有可以享用一辈子的有价值的智慧与思想，为学生的后续发展注入无穷的活力。

三、在辩论评析中反思，提高自我校准能力

辩论评析展示了思考过程，有助于学生形成良好的反思习惯，学会分析事件背后的原因、背景，体悟不同人的特定思考方式、看世界的不同角度。这种由表及里的思维，实质上就是一种追寻事物因果关系的逻辑思维，唯有如此，才可能作出客观评判。学习辩论就是学习怀疑、猜想、反驳、证伪的方法，学习有逻辑地思考问题，发展理性思维能力。

辩论是信息的干涉和重构，能有效激发学生参与探讨问题的积极性，通过不同观点与思想的交锋，透视对事物本真的认识，形成比较牢固而又坚实的知识体系。辩论过程中，论辩双方均可修改甚至放弃原有的观点，并重构一个新观点。

有效辩论的前提是：承认自己有可能犯错误，随时准备接受新观点；能真诚地查寻对方意见中可能包含的真知灼见；以善意度人，而且给对方补正的机会。唯有如此，才能基于事实发问论证，防范个人偏见，抵制毫无根据的想

法,也才能站在别人的角度理解不同的观点。优质的辩论,最后达成的立场很少是原先两种立场中的一个,而通常是"第三种",而且是更好的一个。

如统编版五年级上册《"精彩极了"和"糟糕透了"》一文,父母对八岁的作者所写的第一首诗评价完全相反,一边是以慈爱鼓励为主的"精彩极了",另一边是严格鞭策的"糟糕透了"。两种爱对作者而言都是必须的,成就了日后的畅销书作家。

教师可设计有梯度的辩题,如第一层级问题:每个人的成长历程各不相同,父母和老师应该以什么样的爱的方式,才是最佳的?第二层级问题:你认同父亲的严格?还是母亲的慈爱?……让不同水平的学生自主选择论题,发表自己的看法,引发争鸣,辨析正误,达到同意;然后让学生分组讨论综合观点,每组选一个代表演讲,再让学生评论同学的观点,或选出观点相左的学生进行辩论,这种有分级的活动可以节省时间,实现由点到面再到体的提问、讨论、分析;再利用网络,就与"爱"的主题相关的时事建立博客、微博或微信,让学生以留言的方式或评论或展示,这样的后续自主交流让学生有足够的时间清晰而准确地交流、真诚而有效地分享。

像这样,辩论问题梯度化、活动分级化、展示多样化,一方面整体调动学生的知识积淀,发挥学生的经验积累,有助于快速把握文本的精神实质;另一方面促进听说读写的全面发展,形成敏锐的眼光、敏捷的思辨力、深刻的思想。因为,当学生遭遇不同的经验、主张和观念时,论辩双方以及听众都看到了自己没有看到的事物的其他方面,会引起各自的判断:或认同,或否定,或修正,或产生新的看法。

在认同、否定、修正和新想法产生的过程中,要引导学生反思:为什么有人持反对观点?自己的观点是否有漏洞?要能审慎地作出判断,或暂不下判断,或修改已有判断,让自己的思考更深入、更有余地。因此明白,任何观点,须基于事实不断修正,用相应的材料和细节来支持论证。

不断地反省、确正,学生学会从反方立场去分析假设,以谨慎地、周密地得出结论,实现自我校准,避免选择性失明。这样的反省、确认,获得更具自主性、实在性、客观性的知识,促进了知识内化,增进体悟自觉,提高判断、选择、融合等学习能力,优化了心智结构。如果学生经常对学习的过程有所回顾和反思,总结经验和教训,便可使思维进入理性认识,事半功倍。只有自我反思、自我分析、自我评价,才能学会学习。

语言自觉的背后是人的自觉与反省,是精神世界的开放与解放,这也是语文教育的最终目的。有效的辨析与评论,使每一名学生有机会在班级里与同学共享，形成一种多方位的，情感、知识、价值的互动。语文学习引入了广阔的生活背景和个人体验，学生因此理解了生命的多样性，理解了宇宙和社会的丰富形态。在这样的课堂里，语言的活性才能得到滋养与成全，最终成为人的心灵的活性，成为人的创造的活性。

四、倡导负责任的个性表达，培育公共理性精神

公共理性是以一种自由平等的公民身份为前提，建立在权利与义务统一的基础上，以社会公正为原则的价值取向。公共理性以公共利益、公共的善为旨归，其原则是开放、公开，让不同个体都能认可并能顺利进行合作交流，追求双赢，最终互惠互利。在文化价值多元化的今天，每个人的生存方式、价值选择都是多样的、多层次的，甚至是冲突的，尤其需要培养公共理性精神，以相互探讨、相互沟通、求得共识。

语文教育应主动适应信息化时代，培养学生未来工作生活学习所必需的传播交流技能，如基于语境表述，铺排句子的逻辑顺序，在适当的时间、地点，用适当的方式，说适当的话。更重要的是，能自觉追求既属于自己又属于公共的善和共同的幸福，树立关怀尊重、对话交流的意识。在民主开放的语言自主实践中，发展真实多样的语言运用能力和交流技能，抵制盲从、低俗，培养思辨能力。

因为任何看法都不具有自动的正确性，都需要加以证明，需要提供充分的理由。这就是求真精神，目的在于训练一种理性而精确的思维方式。一方面，人总是通过实践和批判创造自己新的存在状态，语文学科培养人的批判能力，是弘扬人的本性需要。另一方面，每个人都有批判思维的种子，作为一种理性的、自觉的、科学的思维方式，批判性思维非经培育不能养成。语文学科强调批判性思维，目的在于让学生能够形成敏感性和反思习惯，唯有如此，才能走出惯性思维，摆脱各种束缚与局限，学会就当下生活，作负责任的个性表达。

强调个性，意味着对人的各不相同的特性的由衷尊重。也就是说，语言实践过程中要有具体的人，要引导这个具体的个体与文本、与他人、与自己进行多方对话。在广泛的阅读中拓宽视野，体味百态人生，并联系当下社会生活，在时代的脉动中发现表达的素材，在社会矛盾中抒写真我。

对语文教师而言，语文课固然应有课文的讲解与练习，有语言运用能力的培养，但更需要为学生营造一个真正、真实的交流空间，引导学生习惯于当

众发表自己的观点,能根据自己的需要选择发言主题,并根据选题去搜集并处理信息,组织材料,为我所用;更重要的是,能认真倾听同伴的观点并即兴评点,在多元评价中相互欣赏,取人之长,补己之短。这样的交流才是多样的、丰富的。一方面,人的独特性得到培植与发展,另一方面在对他人观点的包容理解中,学会以公民的姿态,作理性的表达。

从人的发展角度看,语文教育面对的,应是具有相应权利与义务的公民,教师应着眼于每个独立的值得尊重的个体,引导学生在发展语言的过程中,学会尊重差异,学会理解关怀,学会对话沟通。追求个性只是天平的一端,正确的表达观才能带来表达的平衡,即严谨务实、独立独到。一个公民,需要有独立的见解,自由地、准确地发表自己的思想,更重要的是,要有规则意识,有理性,有批判力,为自己的表达负责。

万物并育而不相害,道并行而不相悖。每一种语言文化都是人类社会智慧的结晶,提供不一样的文化体验,展示不一样的观察事物的视角和思考问题的方式。教育应该正视当下多元与开放的文化环境,承认多元并存,求同存异。引导学生树立多向交流意识,尊重、学习、借鉴并由衷地欣赏与己不同的观点,善于把不同观点结合起来,为己所用。既培养学生的文化反思能力,也培养学生的多元包容心态,更好地认识自己与他人,学会与不同的群体平等共处,学会在广阔的领域与拥有不同价值观的世界公民共同生存与发展。

作家狄马说:"一个人如果真的养成了独立、自主、理性和思辨的习惯,那他已经是个现代公民了。"在一次次阅读比较、辨析反思、对话合作中,明晰的概念、合理的判断、周全的推论将日益成为学生的思维方式,渗入其行事过程中,成为其能力素养的一部分。学生因此能辨是非长短,审曲直邪正,对一切事理都能慎思明辨,不至盲从曲解。有了思辨力,就有了自由思想,也因此有了创造精神。

13. 对比审察

三上《手术台就是阵地》教学设计

关键词 对比审察

本设计引导学生围绕主问题,从联系背景,抓关键词句,联系生活实际评价人物等多个维度思考，对比审察，得出结论。意图使学生学会面对一个观点，不盲信，能仔细考察，多方探寻，方下定论。

手术台就是阵地
——统编版第五册第八单元

一、激情导入，目标定向

（一）了解课文编排

师：同学们，我们今天要学习的课文比较特殊，它既是一篇略读课文（板书星号），又是本册的最后一课。这节课，我们要运用学过的方法来学习课文，完成学习任务。

（二）三读课题，初悟题意

师：都预习过课文了，谁来说说，什么是手术台？阵地又是什么？手术台怎么就成了阵地呢？

指名。

师：课题在文中很特别，一起读课题。

生一读。

师：读出有力、坚定的语气，再读。

生二读。

师：读出义无反顾、不必商量的口气，再读。

生三读。

（三）学习导读内容，明确学习任务

师：手术台为什么是阵地？白求恩为什么这样说？这是本节课学习的重点。略读课文的课题下面，都有几行导读，提示本课的学习任务。学习略读课文，要学会先看导读，带着导读的问题来学习课文。大家看导读。请一位同学读读，大家边听边想，导读提出了什么任务？

课件出示导读内容，指读。

> 　默读课文，联系事情发生的背景，说说你对"手术台就是阵地"这句话的理解。你还可以查查资料，了解有关白求恩的其他故事。

二、联系背景，概括内容

（一）了解前因后果，概括主要内容

师：通过导读，我们知道，这节课的主要任务是理解"手术台就是阵地"这句话。理解一句话,一定要了解这件事的前因后果。谁来概括主要内容,说说课文讲了一件什么事?

指名。

师:像这种写人记事的文章,概括主要内容时,应该抓住几个要素:在什么情况下,谁,做了什么,结果如何。

课件出示

> 概括主要内容
> 在什么情况下?
> 谁?
> 做了什么?
> 结果如何?

师:谁来根据老师的提示再说说?

指名。

出示本课主要内容,生齐读。

> 齐会战斗中,白求恩大夫在给伤员做手术,不肯撤退,救了许多伤员。

师:知道了事情的前因后果,我们清楚了"手术台就是阵地"这句话就是白求恩在阵地附近,一边做手术一边跟请他撤退的同志说的。

(二)根据关键词概括主要内容

课件出示。

> 战斗激烈　火线不远　69个小时

师:现在你能根据这些词再说说课文主要内容吗?

同桌互相说说。

师:在概括主要内容时,要加上提示故事背景的词,这样能概括得更加的准确清晰。

课件出示主要内容的两种表达方式。

> 齐会战斗中,白求恩大夫在给伤员做手术,不肯撤退,救了许多伤员。
> 齐会战斗非常激烈,白求恩大夫在火线不远处给伤员做手术,不肯撤退,连续工作了六十九个小时。

生齐读这两句。

(三)联系故事背景,理解主问题

师:故事的背景很重要,了解背景,会帮你更好地理解课文。下面请大家默读描写齐会战斗的这段背景文字。想想,知道了这个故事的背景,你对"手术台就是阵地"这句话有新的理解吗?

课件出示故事背景。

> 1939 年 4 月 23 日,日军向齐会村发起进攻,以炮火轰击齐会,并发射毒气弹。一发发炮弹带着划破天空的尖啸声,飞向我军防守的阵地。火光爆闪的同时,响起一阵阵轰隆隆的剧烈爆炸声,空气中到处弥漫着刺鼻的火药味。炮弹炸起的土坑,周边横七竖八地躺着受伤的八路军战士,他们浑身上下血肉模糊,痛苦地呻吟着。枪林弹雨中,就连贺龙师长也因毒气弹的袭击而中毒。

生默读,后指名读。

师:了解主要内容,又知道了这个故事的背景,你能说说对"手术台就是阵地"这句话的理解吗?

生:白求恩大夫在极其危险的情况下,冒着生命危险,坚持给伤员做手术,他把手术台看作医生的阵地。

小结:联系故事背景,可以帮我们准确地理解这句话。

三、抓关键词句,感悟课文

(一)出示任务,自学课文

师:为什么白求恩会说"手术台就是阵地"? 让我们带着问题再度走进课文。

课件出示自学要求。

> 默读课文,完成下列任务:
> 1. 用横线画出说明战斗越来越激烈的句子。
> 2. 为什么白求恩大夫会说"手术台就是阵地"? 用波浪线画出。

生自学后指名反馈。

(二)抓重点语句,理解主问题

课件出示四句描写战斗激烈的句子。

> 1. 敌人不断反扑,战斗非常激烈。
>
> 2. 突然,几发炮弹落在小庙前的空地上。硝烟滚滚,弹片纷飞,小庙被烟雾淹没了。
>
> 3. 敌机不断地在上空吼叫。炮弹不断地在周围爆炸。
>
> 4. 一连几发炮弹落在小庙的周围。庙的一角落下了许多瓦片。挂在门口的布帘烧着了,火苗向手术台扑过来。

师:齐读描写战斗激烈的四个句子,边读边想,你感受到了什么?

齐读。

指名。

[板书:一心为伤员]

(三)尝试评价人物

师:谁能联系这四句话,说说对课题的理解,说说你对白求恩大夫的评价?

生:我读出了白求恩大夫不顾生命危险,一心只为伤员。

生:他是个舍己为人的好战士。

小结:找到文中的关键词句,也能帮我们理解课文的主旨。

四、品评人物,理解主问题

(一)品评语言,感受人物心理

师:同学们,战斗越来越激烈,情况越来越危急,随时都有生命危险,师长决定让白求恩撤离,白求恩是怎么决定的呢?

课件出示描写人物语言、神态句段。

> 白求恩沉思了一会儿,说:"我同意撤走部分伤员。至于我个人,要和战士们在一起,不能离开。"

生齐读。

师:白求恩留下的决心已定,所以朗读时要坚决、有力些,咱们再试试。

生再读。

师:对,他早已把生死置之度外,态度坚决,再来感受一下! 齐读。

生三读。

(二)品评人物,感受人物品质

师:部长着急了,他恳求白求恩马上离开,白求恩又是怎么做的呢?

课件出示描写人物语言动作句段。

> 　　白求恩说:"谢谢师长的关心。可是,手术台是医生的阵地。战士们没有离开他们的阵地,我怎么能离开自己的阵地呢?部长同志,请您转告师长,我是一名八路军战士,不是你们的客人。"白求恩低下头,继续给伤员做手术。

师: 大家学得真认真。下面,我们来合作读这一段。请一名同学读叙述部分,老师读卫生部长说的话,其余同学读白求恩说的话。

师生分角色合作读。

师: 同学们,现在你觉得白求恩是个怎样的人呢?

生: 舍己为人。

生: 无私奉献。

……

师: 你能用上这三个词:不顾自己生命危险、一心只为伤员、舍己为人,来说说你对"手术台就是阵地"这句话的理解吗?

指名。

师: 通过对人物的评价,也能加深对课文的理解。像这样,抓住了这三个要点,咱们已经理解了这句话。

五、联系生活,理解主问题

(一)出示资料,比较迁移

师: 同学们,国际主义战士、加拿大共产党员白求恩大夫为中国人民的解放事业做出了卓越贡献。1939年11月,他因抢救伤员感染中毒逝世。"手术台就是阵地",代表着不分民族、没有国界的人道主义精神。事情距今八十多年,直到21世纪的今天,仍有无数这样的战士,为了和平,为了正义,奋战在祖国的大江南北,奋战在世界的各个角落……

课件出示补充资料。

> 　　疫情期间,王欢欢像无数医护人员一样,冒着生命危险,进入发热门诊值守,连续在一线奋战几十天。她不敢告诉年迈的父母,自己在"危险"的地方值守,把年幼的孩子早早送回老家,年夜饭也只是在医院匆匆对付。
>
> 　　每次进入发热门诊,她都要穿上厚重的防护服,戴上防护口罩和护目镜。为了减少防护装备的穿脱次数,她时常长时间不吃、不喝、不上厕所,脸都变形了,身子满是疹子,但她毫无怨言。

> 在与疫情的正面交锋中，无数像王欢欢一样的医护人员，把手术台当作阵地，奋战一线，尽己所能。
>
> 他们，不分民族，没有国界！
>
> 他们，是最美逆行者！是人民的守护神！
>
> 他们，让我们读懂了，什么是伟大的人道主义！

生默读。

生齐读课件最后三段。

（二）多方联系，得出结论

师：学习了这段资料，谁能联系我们身边发生的事，再来说说你对"手术台就是阵地"这句话的理解？

指名。

师：通过学习，我们知道了"手术台就是阵地"是白求恩在极其危险的情况下说的，让我们感受到他一心为了伤员、舍己为人的精神，感受到伟大的人道主义精神。

小结：看，像这样联系生活实际，也是理解课文的好方法。

六、总结全文，悟得方法

（一）反复审察，得出结论

师：这节课，我们是怎样理解这句话的？为什么刚才我们能找到这几个要点？

指名。

总结：联系故事背景，联系上下文，评价人物以及联系生活实际都能帮我们更好地理解课文。

（二）三读课题，情感升华

师：同学们，为和平而战斗的精神是永垂不朽的。全体起立，让我们怀着深切的敬意纪念一切为和平而战斗的英雄们！

师：让我们怀着崇高的敬意齐读——

生：手术台就是阵地。

师：让我们带着深切的怀念之情再读——

生：手术台就是阵地。

师：这伟大的人道主义精神，感染着一代又一代中国人，让我们永远记住这个故事——

生：手术台就是阵地！

【板书设计】

手术台就是阵地	
冒着生命危险	联系背景
一心只为伤员	抓关键词句
舍己为人	评价人物
人道主义精神	联系实际

（执教：厦门市群惠小学　郑婉祺）

14. 多维视角

五下《两茎灯草》教学设计

关键词　多维视角

本设计引导学生多个角度去审视人物，明白人物都是有多面性的，并作出客观评价。世界本是丰富多彩的，学会以他人的视角甚至对立面的视角看问题，对任何事物，仰视、平视、俯视之后，方可透视，并事半功倍。拥有了多维视角，看待问题会更全面，更立体，态度更包容。

两茎灯草
——统编版第十册第五单元

课前热身

师：我们来做一个课前热身，请听老师描绘一个人物形象，你们迅速抢答是名著中的哪个人物。

师："爷爷在此！妖怪，哪里跑！吃俺老孙一棒！"

生：孙悟空。

师：少年英雄，臂绕混天绫，脚踏风火轮。

生：哪吒。

师：他打量了一下那棵绿柳树，把衣服一脱，弯下腰去，两手抱紧树干，腰一挺，竟把那大树连根拔了起来。

生：鲁智深。

师：桃园三结义，胯下赤兔马，千里走单骑。

生：关羽。

师：身长九尺，髯(rǎn)长二尺；面如重枣，唇若涂脂；丹凤眼，卧蚕眉，相貌堂堂，威风凛凛。

生：关羽。

……

课件出示所描绘的五个句子。

师：同学们真棒！我们一起再看看这五个句子，从写法上看，你有什么发现？

生：写孙悟空用的是语言描写。

生：写鲁智深用的是动作描写。

师：语言描写和动作描写是常用的两种写人方法，哪吒的呢？

生：外貌描写。

师：外貌描写，抓住服饰与装备来写。描写关羽的有两句，是从什么方面来写的？

生：动作和外貌描写。

师：是吗？再想想，应该是抓住人物的典型事件和外貌来写的。同学们，写人的方法很多，动作、语言、神态、心理活动、外貌等等。但要写得让人印象深刻，可不容易。

一、联系背景揭题，感悟古典文学趣味

课件出示《儒林外史》书本的封面。

师：这节课，我们一起学习《人物描写一组》的一篇课文，了解一个鲜活生动的人物形象，这个形象出自我国古典名著、吴敬梓的长篇讽刺小说《儒林外史》。"儒"有读书人的意思，"儒林"就是许多的读书人，外史区别于正史。这部名著写的是有关读书人的故事。今天我们要学习的《两茎灯草》就节选自这部名著。

生齐读课题。

师：《两茎灯草》一文讲的是严监生临死前的事。请注意"监"字的读音。

课件出示"监"字的两个读音。

jiān		（监考）（监督）
	监：	
jiàn		（监生）（国子监）

师：根据字意的判断，严监生的"监"应读 jiàn，再读读。

生齐读。

师：知道"监生"的意思吗？。

生：监生是古代对读书人的一种称号。

师：怎么知道的？

生：课文中注释有写。

师：对，书本上有注释的，借助注释有助于我们的理解。明清两个朝代的最高学府称国子监，监生是国子监学生的简称。相当于电视剧中常说的举人、秀才之类的。打个比方说吧，（指着一生）你就是秀才，你姓什么？

生：我姓李。

师：我们就可以叫你——

生：李秀才。

师：文本中这个姓严的监生自然就叫他——

生：严监生。

师：当然，书上也交代了，严监生这监生不是读书读出来的，而是用钱捐来的。

二、初读课文，理清文脉

（一）文白对照，理解词语

师：这篇课文是古白话文，文中有些词语是现在不常用的。请大家来认识一下，读一读。

课件出示：诸亲六眷。

生读。

师解释："诸亲六眷"，"诸"本意是辩说，常义是众。另一意思为姓氏。"眷"本意回头看、认真地目不转睛地看。现在常用的意思有两种：一是指亲属，二是关心。文中指大侄子、二侄子、赵氏、奶妈等家人亲属。

课件出示文中相关词语。

诸亲六眷	郎中	哥子	医家	挑掉一茎	插
记念	登时	监生	穿梭	故此	揩揩	赵氏

生齐读词语。

师相机解释："赵氏"一词,说明在中国封建社会女子地位较低,她们嫁人以后一般不用自己的名字,只称呼她的姓氏。这是严监生的第二个妻子,第一个妻子是王氏。

师:文中有一些古白话词语,我们可以结合生活经验来快速猜测一下。

课件出示古白话词对应的现代词语。

生快速抢答,说出课文中对应的古白话词。

> 文中称男孩子为(哥子)
>
> 称医生为(郎中),又叫(医家)
>
> 所有的亲戚(诸亲六眷)
>
> 立即、马上(登时)
>
> 来回跑(穿梭)
>
> 插嘴(插口)
>
> 因此、所以(故此)
>
> 牵挂、惦记(记念)

(二)理清层次,了解前因后果

师:这篇课文不是很长。从内容上看,可以分为三部分,同学们试着用四字词或短语概括一下。

生:医家不下药。

师:写医家不下药其实就是在写——

生:病重。

师:对,这是第一部分的内容。第二部分呢?

生:严监生伸指头。

师:伸指头是因为他有——

生:牵挂。

师:对。最后一部分呢?

生:死去。

[板书:病情之重　临终牵挂　安心死去]

课件出示三个词组对应的文段。

师:现在我们借助这三个词,试着概括一下课文的主要内容。

生尝试概括,师引导。

生:严监生临死前,因灯盏点了两茎灯草,伸着两个指头不断气,直到赵氏猜对才闭目死去。

生同桌互说后再指名概括。

小结:同学们,借助课文的关键字词,再有序简洁地串连起来,这是概括课文内容的一个好方法。

三、再读课文,感悟人物特点

(一)体会多角度描写,突出人物形象

师:我们来看看课文是怎样写严监生病重的。

课件出示写严监生病重的四个句子。

> 1. 自此,严监生的病,一日重似一日,再不回头。
> 2. 到中秋以后,医家都不下药了。
> 3. 病重得一连三天不能说话。
> 4. 严监生喉咙里痰响得一进一出,一声不倒一声的,总不得断气……

师:同桌互读这些句子。

生同桌互读。

师:都写严监生的病,写的角度有所不同,第 1、3、4 句直接写了严监生的病重,是正面描写。而第 2 句是——

生:侧面描写。

师:没有写严监生,而是写医生的行为,医生都不给药了,那就是无药可救。从而表现出严监生的病重,这就是侧面描写。正面、侧面描写相结合,言语表达就更丰富更生动。

师:此时的严监生如果用一个词来形容? 你会用哪个词?

生:奄奄一息。病入膏肓。气若游丝。命悬一线。

……

师:已经奄奄一息却总不得断气,你读懂了什么?

生:他还有心事未了!

(二)聚焦细节描写,体会主角在不同人物眼中的不同形象

师:我们自然而然地把目光投向了他从被单里伸出来的两个指头。严监生伸出两个指头示意家人,大侄子以为——

[板书:两个指头]

生:二叔,你莫不是还有两个亲人不曾见面?

师：二侄子以为——

生：二叔，莫不是还有两笔银子在哪里，不曾吩咐明白？

师：奶妈以为——

生：老爷想是因两位舅爷不在眼前，故此记念？

师：这三个人有没有猜中严监生的心事？我们从哪些句子一读就明白了？快速读读课文，画出相关语句。

生快速读文，画句。

（三）聚焦人物动作神态，感受人物心理

课件出示描写人物神态、动作的三个句子。

> 1. 他就把头摇了两三摇。
>
> 2. 他把两眼睁得溜圆，把头又狠狠摇了几摇，越发指得紧了。
>
> 3. 他听了这话，把眼闭着摇头，那手只是指着不动。

师：找到这三句了吗？漏画的同学补一下。当大侄子说道：二叔，您莫不是还有两位亲人不曾见面？

生：他把头摇了两三摇。

师：临死的人能摇得这么利索吗？对，所以，要读得慢一点。

生再读。

师：此时严监生内心怎样——？

生：失望。

师：失望啊，当二侄子说到：二叔，莫不是还有两笔银子放在哪里没有吩咐明白？

生：他把两眼睁得滴溜圆，把头又狠狠摇了几摇，越发指得紧了。

师：越发指得紧了。大侄子猜不着，二侄子又猜不着，你说他心里会怎么样？

生：心里着急。

师：这时候，奶妈来了。

生齐读句子：老爷想是因两位舅爷不在眼前，故此记念？听了这话，把眼闭着摇头，那手只是指着不动。

师：严监生这时候把眼闭着摇头，什么意思？

生：彻底失望了。

生：没气力了。

生：他有些烦。

生：已经到了绝望的地步了。

……

师：已经到了绝望的地步了，是这个意思。这三个句子是对严监生的动作和神态的描写，写得很细致，不仅写出了人物的心情，还写出了心情的变化。

[板书：失望——着急——绝望]

（四）比较不同写法，体会人物的典型特点

师：同学们，如果把文中的三句话，改成这样写，意思也是一样的，但效果有什么不同？

课件出示句子，去掉原句中人物神态的词。

> 他把头摇了两三摇。
>
> 他把头又摇了几摇，手还指着。
>
> 他听了这话，还是摇头，那手只是指着不动。

生：这样写单调，而且无法表达人物着急的心情。

生：看不出人物心情变化。

……

师：加上细致入微的神态描写，可以把人物描写得更传神，更生动。三次不同的"摇头"，把严监生由失望变绝望的过程形象地展示出来。千言万语尽在摇头中，他是根本放不下啊！我们再读读这三个句子，感受严监生的内心，走进他的世界。

生读句子。

（五）了解两根指头的意思，体会典型形象的塑造

师：知夫莫若妇，还是他的老婆赵氏明白他的心思。

师引读，一生读赵氏说的话。

生齐读：众人看严监生时，点一点头，把手垂下，登时就没了气。

师：刚才是"总不得断气"，现在是"登时断了气"。你从这里读懂了什么？

生：严监生如释重负，就安心地死了。

师：让严监生念念不忘、舍不得断气的是什么？

生：两茎灯草。

师：你说两茎灯草能值多少钱？可是在严监生心里呢？

生：比生命还重要。

师：是的。我们来看看这幅插图。（课件出示插图）看到了吗？这两茎灯

草滋滋地燃烧着,也在烧着什么?

　　生:也烧着他的生命。

　　生:还烧着他的心。

　　……

　　师:"临死前的两根指头"成了文学史上的典型细节,为文学史贡献了一个典型吝啬形象严监生。

　　[**板书:吝啬**]

四、多角度评价人物,深化阅读感受

　　(一)补充资料,感受"吝啬"

　　师:以至于人们一提到吝啬,就想到严监生。读读课题底下蓝色方框里的阅读提示。

　　生自由读提示。

　　师:严监生在小说中是个什么样的人?

　　生:很有钱的人。

　　师:《儒林外史》中有一段话描写得很有意思,我们来看看。

　　课件出示补充资料。

> 　　他家有十多万银子。钱过北斗,米烂陈仓,僮仆成群,牛马成行。良田万亩,铺面二十多间,经营典当,每天收入少有几百两银子。
> 　　　　　　　　　　　　　　　　　　——节选自《儒林外史》

　　生默读。

　　师:简单地说,如果在现在,这严监生也是个大富翁。

　　师:一个大富翁临死前却为那两茎灯草"总不得断气",为那两茎灯草他——

　　生:把头摇了两三摇。

　　师:家有十多万银子。钱过北斗,米烂陈仓,僮仆成群,牛马成行。为那两茎灯草他——

　　生:把头又摇了几摇,手还指着。

　　师:良田万亩,铺面二十多间,经营典当,每天收入少有几百两银子。为那两茎灯草他——

　　生:听了这话,还是摇头,那手只是指着不动。

师：此时，你们觉得严监生是一个怎样的人？

生：吝啬鬼。

生：守财奴。

生：可怜的人。

……

师：是啊，吝啬到了极致。简简单单的一个细节，让人物无法抹去这一印象。这就是名著的魅力。

(二)对比阅读，理解"吝啬"

师：我们再看一段《儒林外史》的文字，加深对严监生的了解。

课件出示补充资料。

> 严监生拼命地节制生活费用，从不舍得吃一口肉。过了灯节后，就叫心口疼痛，初时撑着……后来就渐渐饮食不进，骨瘦如柴，还舍不得银子买药吃……

师：文学作品中吝啬的人很多。如英国戏剧家莎士比亚喜剧《威尼斯商人》中的夏洛克，法国剧作家莫里哀喜剧《悭吝人》中的阿巴贡，俄国小说家果戈理《死魂灵》中的泼留希金，法国小说家巴尔扎克《欧也妮·葛朗台》中的葛朗台……作家描写时，也各有不同。先来认识一下葛朗台。请大家默读，想想跟本课描写有何不同？

课件出示描写葛朗台语段。

> 1. 尽管拥有万贯家财，可他依旧住在阴暗、破烂的老房子中，每天亲自分发家人的食物、蜡烛。
>
> 2. 当他的侄子到他家后，他舍不得花钱买菜，就叫女仆给他弄乌鸦肉吃。
>
> 3. 他获悉女儿把积蓄都给了夏尔之后，暴跳如雷，竟把她软禁起来，"没有火取暖，只以面包和清水度日"。当他妻子因此而大病不起时，他首先想到的是请医生要破费钱财。

生默读后评议。

(三)阅读评议，感受人物性格的多面性

师：人物都是多面的，书中也写到严监生的其他侧面，有助于我们全面了解这个人物。

课件出示补充资料。

> 严致和见差人来说了此事,他是个胆小有钱的人,见哥子又不在家,不敢轻慢,随即留差人吃了酒饭,拿两千钱打发了,忙着小厮去请两位舅爷来商议。
>
> 大老婆王氏生病了,严监生会怎样呢?原文写到:王氏的病渐渐重将起来,每日四五个医生,用药都是人参、附子,并不见效。

师:兄弟出事了,他愿意帮忙花钱;老婆病了,他花钱请医生用好药。这些表现了严监生人性的另一面。你发现了什么?

生:人的性格有多面性,他很重视教育,也很重亲情。

生:有些人有时看似善良,有时却很凶残。

生:评价一个人,需要从多个方面去看。

生:评价一个人,要就事论事。

……

师:有道理,有收获。《儒林外史》正是以这样的魅力吸引了一代又一代的人,除了严监生,还有王冕、范进、匡超人、虞秀才……每个人物各有特点,形象鲜明。希望大家课后能找来读一读。

五、跳出文本,回顾写法

师:课文《两茎灯草》给你印象最深的是什么?

生:严监生虽没说一句话,但其"吝啬"令人印象深刻。

生:印象最深的是,他的"两个指头"。

……

师:能不能从写作方法上谈谈?

生:神态描写,详细生动,不仅写出样子,还要写出心情。

生:既要有正面的描写,也要有侧面的描写,来丰富内容。

生:从全篇来看,为了表现严监生的吝啬,严监生的动作、神态描写是正面描写,诸亲六眷的猜测是侧面的描写。

……

师:遇到吝啬的人,你的脑子里会马上跳出一个人,谁?

生:严监生。

师:想到哪个情景?

生:两个手指头。两茎灯草。

师:你们看,就是这么小小的动作,就是这样细微的变化,让人印象深刻,难以忘怀。这就是名著的魅力。

【板书设计】

```
                        两茎灯草

                     正面    侧面

  病情之重
  临终牵挂
  安心死去      吝啬到极致    神态    动作
```

（执教：永安市第九中学附属小学　　刘维标）

15. 自我校准

四下《宝葫芦的秘密》(节选)教学设计

关键词　自我校准

学生学会分析观点,勇于质疑,习惯于确证、确认或改正结果,其自我管理能力即获得提升。本设计引导学生学会有依据地想象,有主题地想象,有个性地想象,在对观点主动、持续、反复的思考中,有警觉性地去接受多种解决问题的方法,并在自我审察中,形成求真、开放的思维习惯。

宝葫芦的秘密(节选)
——统编版第八册第八单元

一、概括主要内容,把握重点情节

师：孩子们,昨天我们已经初步学习了课文。理解课文首先要掌握主要内容。这篇课文比较特殊,没有连贯的情节,课文的主要内容该怎么概括呢?谁来试试。

指名。

师相机点拨。

师：概括主要内容的时候,尽量不要把课文的原句读出来,不能把对话及细节读出来,应该简洁,要既简练又能抓住要点。我们回忆一下,这篇课文分成三个部分:介绍自己、回忆宝葫芦的故事、幻想得到宝葫芦。谁能把这三部分连起来说?

生:这篇课文讲的就是主人公王保介绍自己、回忆宝葫芦的故事以及幻想自己能够得到宝葫芦。

师:看,把这三部分连起来,就能说清楚课文的主要内容了。有些长课文,概括主要内容时,可以先看看各部分写了什么,再把几部分连起来,说通顺。

二、紧扣主问题,感悟情节的神奇及人物的特点

(一)了解文体及节选课文背景

师:孩子们,你们知道吗? 这篇课文节选自一本书——《宝葫芦的秘密》,一起读读书名。

课件出示书封面。

生齐读。

师:文中的内容是从书里节选出来的。读节选的文章,要联系整本书的内容理解。最好能把这本书也读一读。

师:那么这本书讲的是什么呢? 大家看屏幕上的内容简介。请一位同学来读一读《宝葫芦的秘密》这本书的简介。

出示《宝葫芦的秘密》内容简介。

指名生读。

(二)紧扣课后问题,理解重点段落

师:那么,课文的节选部分要告诉我们什么呢? 已经上四年级了,老师相信你们有一定的自学能力。现在老师想请你们解决两个重要问题,请看自学提示。

课件出示自学要求。

> 默读课文第15~21自然段,按要求作答:
> 1. 王保为什么想要得到一个宝葫芦? 在文中用横线画出来。
> 2. 王保是个怎样的孩子? 你从哪些语句看出? 在文中做标注。

师:谁来为大家读一读?

指名。

师:这两个问题是从课后问题而来。学习课文一定要懂得根据课后问题

去思考,这样就能把课文理解得更加透彻。现在请按要求完成学习任务。先完成的可以和同桌进行交流。

生自学后,同桌自主交流。

三、品读评议,学习有依据地想象

(一)有感情地朗读,感受人物心情

师:好,下面谁来回答第一个问题?

生:不管张三也好,李四也好,一得到了这个宝葫芦,可就幸福极了,要什么有什么。

师:老师刚刚在巡视的时候,发现很多同学都找到了这句。原来得到了这个宝葫芦如此幸福呀! 你们觉得要用什么样的语气呢?

生:欣喜若狂,要感到很幸福。

生:速度稍快,语调上扬。

师:对,在朗读的时候,一定要记住,根据作者的心理来确定朗读的语调。

范读。

齐读。

(二)句式训练,体验想象的神奇

师:拥有宝葫芦真的要什么有什么吗? 老师为你们带来了几个片段,请大家默读《宝葫芦的变化》,边思考:这里宝葫芦的神奇体现在哪里?

出示《宝葫芦的变化》片段。

生默读。

指名。

师:让我们一起看看这三个句式:说的时候,请体现出宝葫芦的奇妙。

[板书:奇妙]

课件出示句式。

> 1. 和同学比赛种向日葵的时候,要是有了宝葫芦 _____
> _____。
>
> 2. 对着一道算术题发愣,不知如何列式,要是有了宝葫芦 _____
> _____。
>
> 3. 假如我有一个宝葫芦,奇妙的事发生了 _____
> _____。

指名生补充完整。

师：孩子们，在说一段话的时候，一定要围绕一段话的主旨。哪怕是想象，也不能天马行空，要围绕一个主题。

[板书：想象]

(三)评价人物，体验有依据地想象

师：让我们看看第二个问题。你觉得王保是个什么样的孩子呢？从哪些语句看出来？

生：我从"剪指甲、光着脚丫子、一下地就跑"读出他的顽皮淘气。

师：真棒！你懂得抓住人物的动作。

生：从"非得讲故事"，读出了王保好奇，爱听故事。

师：你懂得从人物的语言来品读。

生：从"联想到自己"这个人物心理读出了这是一个爱幻想的孩子。

……

师：看，我们了解人物的特点，可以通过文中人物的动作、语言、心理来揣摩。让我们一起来读一读这几句话！

[板书：语言　动作　神态　心理]

课件出示描写王保的句段。

> "什么！剪脚趾甲啊？那不行，我光着脚丫，一下地就跑。"
>
> 不过，我得提出我的条件："那，非得讲故事。"
>
> 我听了这些故事，常常就联想到自己："我要是有了一个宝葫芦，我该怎么办？我该要些什么？"

生齐读。

师：是啊，我们从人物的语言、动作、神态等方面，读出王保是一个淘气、好奇又爱幻想的孩子。正因为如此，才有后面的一系列想象，这些想象内容也符合王保的性格特点。

四、依据课文线索，创编故事

(一)理清线索，提出创编要求

师：我们刚刚知道，王保爱听奶奶讲的故事。老师把文中提到的这四个故事整理了出来。小组四个人，各选其中一个来创编故事。

课件出示故事情节。

张三	神仙赠葫芦
李四	龙宫得葫芦
王五	奶奶给葫芦
赵六	掘地得葫芦

师：创编故事是有要求的，根据课文内容，老师整理出创编的注意点。

课件出示创编故事注意点。

生齐读。

> 创编故事应注意以下三点：
> 1. 宝葫芦神通广大。
> 2. 结局要幸福。因为课文第 17 段中说到"他们全都过上了好日子。"
> 3. 体现童话故事的奇妙。

(二)自主交流

生创编后，小组自主交流。

五、总结全课，体会想象须合情合理

(一)联系原著，评价人物行为的合理性

师：孩子们，宝葫芦如此神奇，可是王保最后放弃了。这到底怎么回事呢？让我们一起看看原著片段，并思考：为什么他最后放弃了宝葫芦呢？你觉得他那样对吗？

课件出示原著片段。

生默读。

指名交流。

(二)推荐阅读，比较不同作品想象的不同特点

课件出示原著《宝葫芦的故事》封面，《哆啦 A 梦》封面。

师：课后大家可以去看看原著。最后，老师推荐一本书《哆啦 A 梦》，大雄和哆啦 A 梦之间，又有什么样的神奇故事呢？对比下《宝葫芦的故事》这本书，你们一定会有所启发。

(三)总结学法，回扣单元主题

总结：孩子们，这节课我们懂得了：概括课文内容可以把课文几个部分的意思串起来说；也懂得了通过人物的动作、神态、语言来感受人物的特点；同时我们也知道，一个童话故事应该通过想象，体现神秘奇妙。爱因斯坦说过，

想象力比知识更重要。本单元主题"奇妙的童话"所需要的,正是这种想象力。好,这节课就上到这里吧。

【板书设计】

宝葫芦的秘密(节选)	
介绍自己	
回忆宝葫芦的故事	(奇妙想象)
幻想得到宝葫芦	(语言 动作 神态 心理)

(执教:厦门市群惠小学　林彬)

第六章　尊重学科规律，培育语文核心素养

　　培养言语思维能力，是语文学科的独特价值所在。语文教学要强调学科特性，尊重语文学科本身的结构、规律、特点，引导学生以语文的方式学习语文。在教学中，关注篇章思维、文体思维、语境思维、审美思维及批判思维等语文学科思维的培养，才能有效地实现从阅读理解到实践应用乃至迁移创新，实现从知识到能力素养的转化。

一、聚集篇章思维，全息把握

　　一个优质文本，必是思路明晰、结构合理的。为了取得最佳叙述效果，作者不仅要考虑句子之间、段落之间的关系，还要考虑到如何通过呼应、伏笔、悬念等手法，处理好情节、情感、思想等问题。唯有如此，才能使文章起承转合、左右贯通、前后勾连、文气一贯。文质兼美的文章，不仅关注叙述的视角、方式、结构、连贯、衔接，甚至在语句的长度、话轮的密度和话轮交换的强度等方面，都注意精雕细刻。

　　这就是篇章思维。篇章思维是一种复杂、科学、系统的思维活动，其内部结构是作者想法的复杂组合，这种组合的方式是无穷无尽的。它为思维提供了极大的自由发挥空间，如作者可以根据需要，对事情发展的时间进行重组，使文章以崭新的面貌出现，即倒叙、插叙、补叙。

　　语言的运用与思维结构、思维含量密切相关。当前学生在阅读中经常出现的错认总分关系、颠倒主客顺序、误添辩证色彩；写作时出现的主旨不明、语句重复、论证乏力，无不与篇章思维的缺失有关。

　　各种语言都是系统的、有规律可循的。要想读懂一篇文章，必须看到语言文字背后的思维框架；要想写好一篇文章，必须从语言背后的思维机制处加工。学生至少要弄清楚篇章的表层形式和连贯手段，才能真正理解文章，这就需要篇章思维，即需要有篇章意识、篇章结构及篇章制作的支撑。

　　如教学《北京的春节》（统编版六年级下册），可引导学生理出文章写了春

节的哪几个时间节点,进而发现文章以时间为经线,以人们的活动为纬线构架全文:腊月初旬做准备—除夕夜守岁—正月初一闹新春—正月十五观花灯—正月十九春节结束。理出写作思路后,教师应立即追问:"你是怎么归纳出每一层意思的?""这几部分内容的顺序可以调换吗? 为什么?"引导学生回顾学习经历,反观文本,发现文章中每一部分的第一句都以中心句形式出现,方便读者把握层段内容,从而感悟这种构段方式的妙处,明白行文须讲究逻辑。

又如教学《记金华的双龙洞》(统编版四年级下册),先引导学生理出游览顺序:"路上→洞口→外洞→孔隙→内洞→出洞"。观察文章结构图,思考:还有与文章行文相符的结构图吗?"路上"部分是否可以去掉?"洞口"部分是否太过单薄,要不要再详细点?"外洞"部分的句子在排列上有什么规律? 最后让学生归纳出本文在谋篇布局上的优点。在深入思考中,学生会发现文章另一条暗线:泉水来路(深黑的石洞→内洞→孔隙→外洞→洞口→山下)。文章明暗线索巧妙交织,脉络清晰,使读者对事物的方位、作者观察的角度一目了然。

基于篇章思维的全息把握,要注重阅读期待,学会结构预览;要关注写法策略,提炼写作模型;要开展阅读迁移比较,在应用中拓展。此外,还要关注篇章阅读习惯的培养。不但要掌握品读、扫读、略读、浏览等多种阅读技巧,还要养成初读时扫读、搜寻要点以总揽全文的习惯,即对文章中心句、总起句、小标题、首尾句等的浏览,了解文章大意;注意搜寻过渡句段,以及"综上所述""总而言之""由此可见"等之后的简单概括。

像这样,从整体到部分,再从部分到整体的解读是理解的过程。长期这样训练,学生或多或少具备谋篇布局的知识框架和理论结构,逐步形成篇章意识,这些知识能力或以内隐的形式存在。阅读文本时,学生不自觉地以这种既定的先在视野,与文本图式进行比较,这就是洞察力支撑下的信息意义的整体感知。通过阅读过程中的分析比较、想象推断,或同化顺应,或调整重组,思维品质日臻完善。

有效的语文教学,必是引导学生整体把握文本,抓住文本的联系性、整体感和立体化等特点,从整篇文章的结构、条理、顺序等方面对作者的表达方式进行探讨,让学生在阅读中,全息把握,学会从整体思考文本的表达特点,进而在独立作文时做到了然全局,下笔有神。

二、凸显文体思维,精准读写

在语言学习中,可以通过大量阅读而潜移默化习得的语文能力只是其中一部分，有些语言技能和语文素养，如语言基础知识、文体知识，老师不点拨，学生是很难掌握的。语文课堂教学的目标之一，在于高效提升学生的语文技能。从这个意义上讲，强调文体思维，才能实现精准读写。

文体之说古已有之，"奏议宜雅，书论宜理，铭诔尚实，诗赋欲丽"（曹丕《典论 论文》）。不同的文体，其脉络和主线会有所不同。如议论文以中心论点为主线，用事例作为论据，使用多种论证阐明道理；抒情散文的主线就是情感的变化与抒发；而诗歌，因其篇幅短小、高度凝练，蕴含的深刻情感就是它的主线。认识文体是教学的起点，教学活动应该是在认识文体的基础上展开。

当前语文课堂中信马由缰式的随性感悟、缺乏知识根基的语言教学之所以备受抨击，其根源之一在于缺乏对言语体裁的敏感，没有文体意识和文体思维，导致教学偏离文本的焦点。阅读教学应牢牢把握文本的文体特征，尊重该类文体自身的要素、结构与逻辑，凸显不同文体的表达特点，引导学生运用不同的阅读方法，读不同文体的文章。有了文体意识，课文教学的个性就有了基础；有了文体思维，才有可能精确妥贴地运用语言进行表情达意，实现最有效的交流。

教材布局为实现文体协调，从纵向看，各类文体随年段不同有所侧重，循序渐进，不断丰富，以满足不同年级学生的发展需求。选文可能是记叙文、说明文、议论文或应用文，教师要从文体的角度去引导阅读，有效训练学生提炼关键信息、把握该类文体的组织结构关系。如阅读时引导学生先提炼文本要素，提示该类文体包含的普遍特征；然后与同类文本作比较，彰显"这一课"的个性特点。学生逐渐掌握了该类文体的基础知识，阅读某类文本时，就能启动大脑中该类文体的图式，对照文本，达到对文章的理解。同一文体领域间的阅读能力具有一定的相关性和可迁移性，这样的阅读活动，加强了阅读基本技能的训练，培养了阅读不同文体文本的能力，最终获得高级阅读能力。

如学习《为人民服务》（统编版六年级下册）一文之前，先了解议论文的一般构架：提出观点—进行论证—总结观点，告知学生本文符合这一构架特点。学生通过构架，准确找到课文的论点"完全彻底地为人民服务"，并发现论点一般在篇首。接着引导学生沿着这个构架，发现文章从"生死观、批评观、团结观"三个角度去论证，由此发现论证的一般规律：引用—议论—联系—分析—总结。再通过构架，迁移学习同类文本。如此，突出文体特点，依着议论文的一般构架，引导学生先后经历不同观点的论证，体验完整的论证过程，实现文体知识的模块化与主题化，做到举一反三，融会贯通。

阅读教学中，关注文体，探究文本的语言形式过程，具有极强的理性化和逻辑化的特点,有利于学生多种思维结构的合成,促进读写能力的提升。如学习《跑进家的松鼠》(统编版六年级上册)一文,可通过列表,与《松鼠》(统编版五年级上册)作比较:一样的话题,记叙文和说明文在主旨、选材、写法上各不相同,《跑进家的松鼠》是记叙文,通过写松鼠贮存冬粮、晾晒蘑菇、垫窝过冬,体现人与动物之间的亲密和谐,而《松鼠》这一说明文则通过外形、性格、行为、生育等方面对松鼠作了客观说明,言语之间流露出作者的喜爱之情。学生通过比较发现:题材相同,写作目的不一样,文体不一样,选材与表达方式就不一样。突出文体特点,精准把握训练点,学生把文本信息简约化,阅读认识更加深刻。

阅读教学中,教师要以文本内容的理性思辨、文体形式的逻辑化考究作为着力点,培养和发展文体思维。依附"这一篇"文本,示人门径,体验和尝试解剖,摸索同类文本的写作规律,让学生经历每一个特殊文本的文体研究,自主建构个性化图式,自己找到门径,最终实现教一篇会一类的目的。"但肯寻诗便有诗",只要有强烈的文体意识,就可以准确地找到语言训练点,围绕本体性知识组织教学,进行有效的语言训练。

强化文体意识,关注文体思维,就是尊重知识的内在生长顺序,优化知识内部组织,学习不同类别文本的逻辑行文规范,训练读取、筛选、评判不同文体文本所表达的信息及表达方法的能力。长期这样,能够拓宽阅读思维空间,发展与提升思维能力,最终实现精确妥帖地表情达意。

三、体验语境思维,丰富语感

语文学习强调语言与情感共生,强调感性体验,强调在复合情境中丰富语感,无不说明语境意识、语境思维在语文学习中的重要作用。所谓"习得母语,渐渐融入母语环境中,凡见闻感觉,均经由母语听说读写得以见天地,见众生。以身体之,以心验之。"无论是准确地理解语言,或是恰当地使用语言,都离不开特定的语境。强调语境意识,培养语境思维,才能准确生动地表情达意。

阅读教学中的语境一般指文本语境。当前学生理解文本时出现的偏差与错误大多与没有语境意识、缺乏语境思维有关。如理解某个关键词在句子中的作用,理解句子的含义,理解句子在文中的作用……学生匆匆读过文本,凭感觉的回答基本没在点上,或要点不齐全,或偏离题意太远根本答非所问。所以有经验的教师会反复强调:答题要不断回归文本;答题一定要在原文中找到相应的词语和句子，联系上下文去理解；答题要言之有据，即使文本中没有原原本本体现答案，也要在文本中找到原话，利用上下文去找线索。

能这样做的学生答题正确率很高。这一做法本身就符合了语文学习的规律：字不离词，词不离句，句不离段，段不离篇。因为文本是一个有着自身内在逻辑的连贯性整体，文本的解读被内在连贯性控制着，其具体检测方式是：对文本的某一部分的诠释能够被其他部分所证实，否则便是过度诠释或错误诠释。

阅读教学中，教师向学生介绍作者身世、写作背景，让学生课前查阅与文本相关的资料，阅读指导时反复强调的"联系上下文"，以及设身处地模拟人物、感受人物的做法想法等，都体现了教师对语境意识、语境思维的重视，因其在准确理解文本方面具有重大作用。任何有意义的语言交流都是在特定的语境中发生的。文本的内在连贯性，文本描述事件所处的年代社会背景，文本内含的具体情景，如时间、地点、场景、人物身份等，都制约着对文本意义的理解。

当下盛行的群文阅读、主题单元阅读、读整本书、海量阅读、鼓励"连滚带爬"地读、多读闲书等做法，体现了尊重学生的语文生活，强调了文化逻辑的贯穿性和精神产品的生命独特性，切合阅读理解的规律，有助于还原文本的开放性和丰富多元性。在这一过程中，同一主题不同文本的言语形式、言语内涵、言语意图得以互相支持与补充，文本整体结构与局部语言彼此照应，学生在阅读中，自觉不自觉地对文本情思、言语内涵、言语意图等方面多次地链接思考，实现对文本更为丰富和深刻的诠释。长期这样训练，语境意识得以强化，语境思维得以培养。

阅读中的理解不能脱离阅读者已有的感性经验，从这个意义上说，语文学习经常是一种不可重复的创造。提供背景知识，丰富生活体验，才能消除表达的陌生化。为使学生直接地、原生态地拥抱课文，形成个性化的感知、感悟、感受，教师引导学生对比与文本相连、相近、相关的作品；介绍异于常规的作品；组织分角色朗读，将课文改编成课本剧，选择适当的音乐传达作品，观看由作品改编的电影片段，参与故事情节的预测……在活动中，学生沉入语境，深入理解文本，丰富了语感，自然能灵活巧妙地运用语言：如用同一句话，表达不同的含义；用不同的话，表达同一个意思；说的是一个意思，表达的是另一个意思。这些都是语境思维能力提升的表现。

语言学习也是个人的精神经历，是个人私有的，故语境思维应关照到每一个学生的具体学习经历。让学生在阅读与写作中找到自己，指的就是阅读写作要贴近自我,贴近有年龄特点的自我、有秘密苦恼的自我,这使得语文教学内容的内隐性和不确定性更为明显。每个学生都有自己的言语习惯,言说者在大脑形成思想,选择语义,匹配概念,寻找词汇,组成句子,输出意义的思维,是一个连他自己都无从知晓的过程,这个复杂过程是瞬间完成的。这更突出了发展语境思维、丰富语感的重大意义。

语境思维尤其强调语言学习要融入精彩的时代生活。脱离情境的知识学习会导致惰性知识的产生。将课堂教学延伸到生活中,才能实现学生的可持续发展,真正实现生态课堂的构建。网约车、共享单车、高铁、移动支付、中华美食、广场舞、食品安全等题材出现在学生作文中,令人耳目一新,体现了读写活动是当下生活中的读写活动。即便是圣贤之言,因时过境迁,也不必因守旧义,而是契合当代的需要,取其合理内核,应用于当代实践。离开了最本质的生活,语言学习将毫无意义。

四、培养审美思维,涵养人文

"审美鉴赏与创造"是语文学科的四大核心素养之一。文学是语言的艺术,是人类的一种审美活动。语文所选教材,都是文质兼美的文章,一般都有较强的语言美、结构美、形象美、意境美。一部文学作品是一个语言符号的多层次结构系统,其间,或丰厚多维的语言资源,或雄浑壮美的语言基调,或真实畅达的叙述方式,或逼近时代的纪实语言,或融贯古今的话语创新……其语言、结构、风格、意象、思想乃至心理等因素构成一个有机的整体,无不对读者产生审美效应。

语文学习离不开审美活动。阅读文本时,深入其中,反复品味,抛弃其实用价值,发现内涵,这就进入了审美鉴赏的层次。当学生读懂作者的写作目的,看懂文章的结构,开始理解文中的关键词句,分析文章表达的方式和写作方法的运用,分析评价人物形象时,这就是对文本的美的关照、感悟、判断。审美活动由此产生。

学生对文本的审美活动,也遵循着从感性认识到理性认识的规律。对语言文字的整体感知、理解和鉴赏,须概览全文,理清思路,再综合运用多种方法作文本细读:既要反复诵读品味,感受文字之美,又要深入文本,读词品句,理解文本内容,把握人物形象;既要知人论世,因时会文,又要勾连前后语境,瞻前顾后,上下求索,体会感悟,进而理解文本主旨,实现由浅入深、由表及里的阅读体验。

理解一个新概念，本质上是重组其经验世界，拓展其认知疆域，从而提升思维能力。文学鉴赏更是如此。要准确深入地理解他人的语言，往往需要透过语义的表层，透视其中蕴涵的思想观念。学生在这一审美认知过程中冥思苦想，思维历尽搏击，成功清除认知障碍，跃入思维活动的又一个新领域。通过对比、概括、推理，感受经典诗文昂扬热烈、浓厚华美的文化味；体验文学小说对厚重历史的精彩演绎；欣赏议论文准确的用词、严密的结构、深刻新颖的论述……在此过程中，学生不断反观文本，将自己言语习惯反复对照文本，把作者的修辞、写法等技巧内化，不断吸纳更准确生动的语言表达形式，从而转化为自己的表达能力。在提升语言敏感力的同时，发展了审美能力，形成更加良好的言语习惯。

文学审美也是学生对文本的再创造和再评价的过程。教师应引导学生串联单元的主题与线索，同中求异、异中求同地阅读分析。在反复地品味、积极地想象中，感受意境，产生共鸣，发现作品的弦外之音和韵外之致。在文本学习过程中，从文本中找到作者所隐藏的语文思维，从而高屋建瓴地审视文本。在丰富想象的基础上，从综合、抽象、推理、论证等角度提升思维的层次，让头脑中的知识碎片在思维的选择、归类、抽象中活起来，系统起来，最终替换本来的思维方式。经常进行这样的训练，学生的鉴赏结果就会有深度，鉴赏能力就会增强，审美能力因此提高。

每一个人的心灵敏感度是不同的，学生之间的各种差异，形成了所谓的"一千个读者有一千个哈姆雷特"。教师要合理组织教学，训练学生在阅读中理解与整合、分析与推理，学会赏析与评价，达到迁移与应用，使每个学生在原有层级基础上有所发展。差异也是一种资源，在教学中设法实现差异共享，通过观点间的交锋，思想上的碰撞，方法上的借鉴，展开真正的交往和对话，促成意义的生成和主体性的发展。

语文课品析的优美文本，其本身就是艺术作品，往往给人以美的享受，从这个角度看，语文课本身就是审美的课。在教学中，要注意个体感悟与理性分析相结合，借鉴他人的评价，引导学生充分表述，实现以美引真、以美促善，启迪思想，陶冶性情，涵养人文。

五、发展批判思维，完善品格

批判思维的核心是求真、公正、反思、开放，是理智美德和思维能力的结合。在德育上，体现为谦虚谨慎、客观具体、公正反省；在智育上，它是一组辨别、分析、判断和发展的高阶思维技能。以批判性思维教育为核心的思辨读写，直面素养的核心、语文的担当、公民的品质。

思辨读写是对文本批判性的阅读，强调以积极主动的学习状态，有机整合学习内容，利用各种方法，梳理新旧知识的联系，将新知融入原有知识结构中，通过解释分析、评估推论、自我校准之后，将带有个人色彩的新知迁移到新的情境中。在此过程中，学生是带着已有的认识去发展新的认识，体验新的情感，改进自己的思维方式、生活态度和处事方式，同时通过知识理解、思考人生问题，不断地追问与反思自我人生的意义。

在此过程中，学生全身心投入活动，经历关键过程，把握根本，由博返约，融会贯通，从而建构出自己的知识结构。教师只是适当点拨，引导学生用多样化的方式学习，激发学生积极的情感体验，更重要的是提供全景立场，即不同的甚至相互冲突的观点，让学生辨别分析它的论证、理由、结论和其他要素之间的关系，再评估这个观点是否充分合理。与此同时，发展自己的观点并论证。通过比较、判断、论证，学生在认识世界的同时，还学会了包容和接纳，学会了表达自己的立场和观点。

思辨的过程是学生搭建思考框架、进行归因追问、证据校验的过程，是培养批判思维的过程。不仅是话题本身的体悟，更重要的是引导学生对所学知识以及学习过程本身做出价值评判。如学生上课后要能明白，课上的主要观点是什么？老师的主要观点是什么？同学讨论的主要观点是什么？这三者的关系是什么？与这些都不同的观点又是什么，你能进行论述吗？这样，学生不但思考所学知识的优势与局限，还能对学习过程主动进行质疑与评价。在不断辨析中，训练能力，感悟担当与责任。

思辨读写强调学习者对任何观点保持批判怀疑的态度，通过深入思考，在各种观点之间建立多元联接，在理解的基础上质疑辨析。具有批判思维的人，并不否定一切，而是尊重并承认多种可能性并予以辨析。思辨的关键在于多元的思考、理性的求索和平等的交流。为此，教学中，教师要有意识培养学生结构化的认知能力，引入多元观点，打破权威思维定势，让学生通过不同视点解析同样的问题，产生认知碰撞，在对话学习中进行批判性验证。

批判思维的根本目的是形成自己的观点。在辨析过程中分析评估，重新审视自己固有的认识，尝试探究新的出路，不是简单地谈对错，重要的是把道理讲清楚。教师要引导学生审视观点材料及支撑的理由，通过论证推理，让思考更加深刻周密。思维能力强的人，并不是观点非得与众不同，而是其观点，一定是经过独立思考的，有理有据的，能经得起多方面推敲的。

　　为训练批判思维能力，教师要引导学生，面对文本，要能构思学习的内容或目标；综合链接各种资源，使之成为一个整体；评估与话题有关的背景资料；能对材料的理解进行说明；提供基于观点的事实。美国学者格拉泽尔认为，在一个人的经验范围内，有意愿对问题和事物进行全方位的考虑，这种态度就是审辨式思维。在训练过程中，教师要有意识"为难"学生，唯其问难，才有思辨的价值，学生也才可能因经历高难度系数的思维体操而获得收益。

　　学生有了对语言文字的敏感度，自然会以批判的态度、反思的精神、理性的思考进行阅读乃至了解社会、认识人生、看待生命，思维品质逐步提升，理智美德逐步形成。

　　语文学科反映了古今中外最优秀的思维经验，教科书中所选的名家名篇，不仅是语言的典范，也是思维的典范。明晰语文学科不同于其他学科的关键属性，关注语文学科思维的培养，方能建立学科尊严，实现有效教学，落实语文核心素养。

16. 精准读写

一上《青蛙写诗》教学设计

关键词　精准读写

　　语言最基本的学习方法即有效重复，熟能生巧。"巧"之后，方可能悟出规律与方法，学一词带一类，学一篇带群文。教学时间是个常量，要把有限的课堂时间与精力，用于学生独立思考而无法解决的"教点"上，即择其要，集中火力攻之。本设计做到视角下移，精准定位，读写共生。

青蛙写诗
——统编版第一册第六单元

一、创设情境，复习导入

（一）背诵诗歌，导入新课

［板书：诗人　诗歌］

师：同学们，先和老师一起读读黑板上的词——诗人、诗歌。请大家注

147

意,"诗"是翘舌音,要读准。我们知道很多诗人,也学习过许多诗。老师想问问你们,学过什么诗呢?知道哪些诗人?

生自由说。

师:大家还记得《悯农》吗?现在请一起来背一背《悯农》。

(二)了解诗歌,揭示课题

课件出示古诗《悯农》及现代诗《四季》。

师:看看这两首诗,像《悯农》这首诗结构很整齐,《四季》这首现代诗,头尾结构也比较整齐,结构整齐就是诗歌的一大特点。

生齐读两首诗。

师:小青蛙和我们一起了解了诗的特点。这节课,它也想学写诗,请同学们读两遍课题。

生齐读:青蛙写诗。

二、识字学词,说话训练

(一)学习生词,掌握构字规律

师:同学们,小青蛙在写诗过程中遇到了几个调皮的生词宝宝,请一组同学开火车带大家读一读,每个词读两遍。

课件出示本课生词。

写诗	雨点	不要	游过来	给你
当时	一串	我们	你们	他们 写成
可以	以前	以后	写字	写作业

学生开火车带读,师相机提示带有翘舌音、后鼻音的生字。

师:你们读得真好,生字宝宝要给大家介绍两个新朋友。先来看看这是谁?

生:写。

师:"写"在说话了,你们听:看看我头上的帽子,它叫秃宝盖。同学们,请跟着老师读两遍。

生读:秃宝盖。

师:"点"字等不及了,它也要介绍好朋友,你们知道它是谁吗?

生:四点底。

师:请大家跟着老师读:四点底。了解它们叫什么,现在请同学们和老师一起合作,来写一写。

范写,相机讲解书写注意事项:"写"的秃宝盖先写竖点,再写横钩。"点"字的四点底,第一笔点往左,剩余三笔点方向一致往右。

师:我们已经把秃宝盖和四点底写了一遍,现在请书空。我们先来写写秃宝盖,下一个是四点底。

生边书空边跟说:秃宝盖第一笔是竖点,第二笔是横钩。四点底第一个点往左,剩余三个点都一致往右。

师:现在,大家记住新朋友怎么写了吗?

生:记住了。

师:那我们也不能忘记它们的名字,跟老师再读一遍。

生:秃宝盖、四点底。

(二)开火车组词,巩固生字

师:我们的新朋友很开心,它们想和大家玩同桌开火车组词的游戏。

出示二类字,学生开火车组词。

| 写 | 诗 | 点 | 要 | 过 | 给 | 当 | 串 | 们 | 以 | 成 |

(三)连词说句,化解难点

师:生字宝宝和我们玩得真开心,小青蛙开始写诗啦。请同桌一起读读课文,找一找,是谁帮助青蛙写诗呢? 边读边把小帮手圈起来。

生同桌齐读课文。

课件出示关键词。

小蝌蚪——小逗号——,
水泡泡——小句号——。
一串水珠——省略号——……

生齐读词两遍。

师指导学生连词说句。

师:青蛙写诗,大家来帮忙。小蝌蚪来当——

生齐跟说。

指名生把三行词串连起来说几句话。

(四)观察句式,仿说句子

师:同学们,你们认真观察,小蝌蚪长得真像小逗号,水泡泡像小句号,而一串水珠像省略号,现在请你们也动动脑筋想一想,像这样来造造句子。

生:问号像个钩子。

生:孙悟空的金箍棒就像感叹号。

……

课件出示比喻句。

> 小蝌蚪像小逗号，
>
> 水泡泡像小句号，
>
> 一串水珠像省略号，
>
> ……

生齐读。

三、精读课文，读中理解

1. 齐读课文，指导正确、流利地读。

2. 师生合作读课文，引导读出节奏。

3. 学习第 2～4 节，理解不同人称。

师:想一想，课文中为什么有的用"我"，而有的用"我们"呢？

指名。

师:那么，"你"和"你们"，"他"和"他们"，又有什么不同呢？

指名。

4. 补白想象，读写共生。

师:通过学习，小青蛙想了一首诗，它想和我们分享，来看一看小青蛙的诗。

课件出示拓展资料。

> 呱呱，呱呱。
>
> 春天来了。
>
> 桃花开了，
>
> 草芽尖尖，
>
> 燕子飞飞，
>
> 花朵开了。

齐读。

师:请你们也来当当小诗人，像小青蛙这样写写诗。

课件出示诗歌句式。

呱呱,呱呱。
秋天来了。

_____

_____

_____

生接说诗句。

四、指导书写,写字练习

1. 出示生字卡片:下　雨　个　们。

生认读,师范写,生书空。

师提醒注意生字结构:"下、雨"为独体字,"个"为上下结构,"们"为左右结构。

2. 写生字。

生写生字,指名四名学生上台范写生字及其笔画笔顺。

教师巡视指导,随机点评展示。

3. 结课:齐读全诗。

【板书设计】

青蛙写诗
小蝌蚪——小逗号——,
水泡泡——小句号——。
一串水珠——省略号——……

（执教:厦门市新东方学校　陈妍）

17. 涵养人文

五下《威尼斯的小艇》教学设计

关键词　涵养人文

本设计引导阅读经典,找到感悟经典价值与提升阅读能力的契合点。一方面,通过大量的积累形成怀疑与思考的习惯,成为具有独立人格的个体;另一方面,追求人生的美好境界,看重人的丰富性和生活的多样化。在阅读体验中,由内而外,由里及表,努力追求思想自由和个性解放,实现生命价值最大化。

威尼斯的小艇
——统编版第十册第七单元

一、立足单元,导入新课

(一)齐读课题,展开联想

师:本课课题让你联想到什么?

生自由交流。

(二)学习导读,注意各类学习提示

师:读课文,要学会关注单元导读、标注和课后问题,尤其是单元导读。学习新课之前,我们先来看一下本单元导读提出的任务。

出示单元导读内容。

生齐读。

师:单元导读不仅提示了单元主题,还提示了本单元的学习任务。在今后的学习中,大家要学会阅读单元导读,根据导读的任务去学习。

(三)揭示课题,导入新课

师:《威尼斯的小艇》介绍的是外国风光、异域文化,今天就让我们跟随美国作家马克·吐温,去威尼斯走一走,看一看。

二、整体感知,走进经典

(一)初步认识小艇及威尼斯

1. 归类识字,掌握方法。

师:小艇是威尼斯一道独特的风景。

出示小艇图片。

归类教学"小艇、船艄、船舱"三个词。

2. 简介威尼斯,引读第1段。

师:威尼斯位于意大利东北部,是世界著名的旅游胜地。威尼斯周围被海洋环绕,有401座姿态各异的桥梁横跨在117条水道上,连接着118个小岛。因此有"水城、百岛城、桥城"之称。威尼斯水道是城市的马路,小艇就是

"公共汽车"。所以马克·吐温在文章开头就这样写——

> 威尼斯是世界闻名的水上城市,河道纵横交叉,小艇成了主要的交通工具,等于大街上的汽车。

生齐读第1段。

（二）概括主要内容,学习提炼和重组

1.围绕中心意思,提炼关键词。

师:课前布置了预习课文。谁来说说:围绕威尼斯的小艇,课文着重写了哪些内容?

生自由发言。

教师相机板书:小艇外形独特、船夫技术高超、人艇关系密切。

2.串连关键词组,概括课文主要内容。

师:像这类的文章,我们可以串连各段要点来概括课文的主要内容。

同桌互说主要内容,再指名。

3.词语重组,感悟同一个意思的不同表达。

> 课文先介绍了小艇的外形,然后讲了船夫的驾驶技术,最后介绍了小艇与人们的关系,说明小艇是威尼斯的主要交通工具。
>
> 课文围绕"威尼斯的小艇",着重从小艇的外形独特、船夫的技术高超以及人艇之间的关系密切三方面来写。
>
> 课文介绍了威尼斯小艇的样子很特别,船夫的技术特别好,小艇与人们的日常生活关系密切。

出示课文主要内容的不同的表达方法。

师:这是对课文主要内容的三种不同说法。请大家自由读一读。看看你有什么发现?

生读后指名。

师:对,同样的意思可以有不同的表达方法。只要抓住要点,怎么说都可以。概括课文的主要内容,既要抓住要点,又要注意语言简洁。

（三）串连词组,复述课文

1.提炼词组,有序熟读。

师:通过预习,同学们会读这些词组了吗?

出示词组,同桌接力读。

| 纵横交叉 | 交通工具 | 又窄又深 | 向上翘起 | 轻快灵活 | 说不完的 |
| 情趣 |
| 驾驶技术 | 速度极快 | 操纵自如 | 左拐右拐 | 平稳穿过 | 作急转弯 |
| 匆匆走下 | 高声谈笑 | 新鲜空气 | 去做祷告 | 渐渐沉寂 | 沉沉入睡 |

2. 连词说句,复述课文。

师:谁能把这些词组连起来复述一下课文?

师示范串联第一行的词组。

串连第二、三行词组说课文内容,同桌交流。

指名将三行词组连起来复述课文。

师:抓住关键词,可以帮我们很好地记住关键内容,能让我们轻松地进行课文的复述。能够把词连起来说一段话,说明你已经理解这些词了。

三、品读课文,感悟经典

(一)提出要求,自学课文

出示自学要求,指名朗读。

生按要求自学。

后同桌交流。

默读第 2~4 自然段,思考:

(1)小艇的外形有什么特点?用〇标出有关词语。

(2)作者从哪几方面写船夫的驾驶技术呢?用△作批注。

(二)变序训练,感悟经典描写之秘妙

1. 出示第 2 自然段,全班齐读。

2. 提炼描写小艇特点的词。

师:小艇的外形有什么特点?

学生发言,教师相机引导,结合注释理解"二三十英尺"是多长。

课件出示描写小艇特点的词组。

有二三十英尺——长

有点像独木舟——窄、深

像挂在天边的新月——弯

仿佛田沟里的水蛇——灵活

154

3. 变式呈现,引读后齐诵。

根据课件引读,进一步感受小艇外形的特点。

师:说小艇长,是因为——

生:有二三十英尺。

师:说小艇窄、深,是因为——

生:有点像独木舟。

师:说小艇弯,是因为——

生:像挂在天边的新月。

师:说小艇灵活,是因为——

生:仿佛田沟里的水蛇。

以小诗的形式呈现,通过朗读,再一次感受小艇的独特。

课件出示。

威尼斯的小艇

有二三十英尺

有点像独木舟

像挂在天边的新月

仿佛田沟里的水蛇

---

4. 对比表达,发现秘妙。

师:谁能将"长、窄、深、弯、灵活"这几个词语连起来,概括说说威尼斯小艇的外形特点?

指名。

课件出示两种表达方式,生读,再与原文比较。

威尼斯的小艇又窄又深,又长又弯,十分灵活。

威尼斯的小艇有二三十英尺长,又窄又深,有点像独木舟。船头和船艄向上翘起,像挂在天边的新月。行动轻快灵活,仿佛田沟里的水蛇。

师:作者的写法有什么值得我们学习的地方?

指名。引导学生感受比喻的生动形象。

小结:课文通过列举数字及三个形象的比喻,生动地写出了威尼斯小艇外形的独特,让人印象深刻。我们一起读读——

齐读第 2 自然段。

(三)重组概述,理解经典选材之独特

1. 理清句序,学习构段。

出示第 3 自然段,交流:作者是从哪几方面来写船夫的驾驶技术呢?

> 　船夫的驾驶技术特别好。行船的速度极快,来往船只很多,他操纵自如,毫不手忙脚乱。不管怎么拥挤,他总能左拐右拐地挤过去。遇到极窄的地方,他总能平稳地穿过,而且速度非常快,还能作急转弯。两边的建筑飞一般地往后倒退,我们的眼睛忙极了,不知看哪一处好。

学生发言,教师相机点拨,从三方面写:船多时、拥挤时、极窄处。

师:这一段,作者从"船多时、拥挤时、极窄处"三个方面来写,表现了船夫驾驶技术的高超。你能找出这一段的总说句吗?

生:船夫的驾驶技术特别好。

师:课文就是这样按总分构段,从三方面写出船夫的驾驶技术特别高超。

2. 对比审察,体会选材。

师:作者为什么只写这三个方面呢?

指名。

课件出示对比段。

> 　在宽阔的水面上,船夫操纵自如,行船的速度极快,两边的建筑飞一般地往后倒退。

师:假如这样写,可以吗?

指名,引导学生感悟:选材要围绕主旨。

小结:马克·吐温不愧为大作家,确实了不起! 紧扣主旨来选材,从不同的方面来写,充分表现船夫高超的驾驶技术。在平时的写作中,同学们要注意学习这一点。

3. 朗读指导,感悟写法。

师引读,生接读。

师:船夫驾驶技术特别好。

船只很多,＿＿＿＿＿＿＿＿＿＿＿＿＿;

拥挤时,＿＿＿＿＿＿＿＿＿＿＿＿＿＿;

极窄处,＿＿＿＿＿＿＿＿＿＿＿＿＿。

……

四、仿照构段，课堂练笔

师：仿照第 3 自然段写一段话，注意抓住特点，紧扣主旨从几方面写。题材可以任选下面的一句，也可以自定。

课件出示

> 出租车司机开车的技术特别好。
>
> 他投篮的技术特别好。
>
> 画家的绘画技术特别好。
>
> 她的溜冰技术特别好。
>
> 这位医生的医术特别好。

五、总结回顾，畅谈收获

师：这节课，你们有什么收获呢？

指名。

总结：这节课，我们学习了课文第 1~3 自然段，知道了小艇是威尼斯主要的交通工具，了解了小艇独特的外形、船夫高超的技术。作者是如何写小艇与人们关系密切的呢？下节课我们继续学习。

【板书设计】

> 威尼斯的小艇
>
> 小艇外形——独特　　抓关键词
>
> 船夫技术——高超　　围绕中心写
>
> 人艇关系——密切　　选材扣主旨

（执教：福建省厦门市群惠小学　　罗旭芳）

18. 开放传承

三上《司马光》教学设计

关键词　开放传承

江东先民，经史贤云，传承有续，历代留存。本设计引导学生直观感悟文字、文人、文化,无论是字形字意之美,或是文本细节之美,重要的是批判地传承。比较、思考,在传承中自信,在理解中自觉。

司马光
——统编版第五册第八单元

一、了解作者,走近文言文

(一)导入新课,齐读课题

师:今天,我们要来学习第 24 课《司马光》,读一读课题。

生齐读。

(二)介绍背景,走近文本

师:司马光是一个人的名字,"司马"是复姓,"光"是他的名字。"司马"这个姓源于西周时期的官名,是掌管军务的一个官职。(板书:司)"司"是这篇课文要写的生字,请同学们打开课本 102 页,在田字格下方工工整整地写一个"司"字。

生写。

师:孩子们,提到司马光,我们会想起一个家喻户晓的故事——《司马光砸缸》,听过这个故事的同学请举手。这个故事是历史上真实记载的,就记录在《宋史·司马光传》里。

出示《宋史》一书图。

师:《宋史》记录了宋朝的历史,是 24 史里最长的一部,里面收录有 2000多个名人的传记呢。课文就是从《宋史·司马光传》里节选出来的,讲的是司马光小时候的故事。

出示课文。

二、初读课文,文白对比

1. 自读课文,比较不同。

师:请大家自己读一读这篇课文,想想和我们平时学的课文有什么不同呢?

生:字数少,不好读,看不懂,有注释……

2. 发现特点,指导阅读方法。

师:是啊,篇幅短小,就这么两三行,语言很简洁。这就是文言文的特点。

［板书:文言文］

师:虽然简短,但又不简单。因为文言文不好懂,编者就给我们加了注释。结合着注释来学习,是读文言文的一个好方法。

［板书:看注释］

3. 生齐读全文注释。

三、再读课文,学习难词

（一）自由读课文,读准字音

师:还记得那句名言吗?"书读百遍,其义自见"。这篇文言文离我们这么久远,读懂它的最好方法,就是反复诵读。

［板书:反复读］

师:现在请同学们打开课本读课文。不认识的字借助拼音,或者问同学,或者问老师。至少读三遍。

生自由读后指名读。

（二）正音,理解"瓮""跌""迸"三字

1. 图片理解——瓮

图片出示瓮。

师:"瓮"到底是什么模样? 看——又高又大,古代人在里面盛水,用来防火的。

全班读:登瓮、击瓮。

2. 组词理解——跌

师:谁来给"跌"组个词?（跌倒）对,足失为跌。爬得那么高,一不小心就滑倒了,多危险。

3. 读注释理解——迸

师:课文中解释为"涌出",表示水流很快,很急,力量很大。

（三）小结

发现了吗? 文言文的一个字,相当于我们现在的一个词。解决了生字,我们再把这篇文章好好读一读。

齐读全文。

四、三读课文,读准节奏

1. 出示断句,朗读指导。

师:你们读得非常流利,可是还少了那么点读文言文的味道,古文最早是没有标点符号的,人们是根据意思来断句,断句后,读起来朗朗上口,节奏分明。

出示划分好节奏的课文。

师:老师把读好的秘诀放在了黑板上,古人会根据意思断句,读的时候可以适当拉长音,做到声断气不断。

范读全文。

生齐读。

2. 出示难句,引读理解。

指导读三个句子:"群儿戏于庭。足跌没水中。光持石击瓮破之。"

引读三个句子,指名读,齐读。

3. 分组读全文后齐读。

五、四读课文,理解意思

1. 猜测词意,连词直译。

师:刚刚有提到,文言文里,一个字往往代表一个词,如果没有注释,我们可以联系上下文猜测它的意思。我们一起来猜猜这些字或者词会是什么意思。

[板书:猜意思]

课件出示。

> (1)群儿:一群小朋友
> (2)戏:做游戏
> (3)于:在
> (4)庭:庭院

逐个出示词,生猜后出示词的意思。

引导连词成句,直译:一群 小朋友 做游戏 在 庭院。

师:发现什么了吗? 对的,有时候我们逐字翻译,连起来读却感觉不通顺,那要按照现在的语言习惯做调整。调整以后,这句话就可以解释为:一群小朋友在庭院做游戏。

2.借助注释，逐句直译。

指导理解下面句子。通过看注释、联系上下文，逐句理解，导出译文。

课件出示。

> 一儿登瓮——一个小朋友爬上大水缸。
>
> 足跌没水中——失足掉进瓮里，淹没在水中。
>
> 众皆弃去——其他人都跑掉了。
>
> 光持石击瓮破之——司马光抱起大石头向大瓮砸去，把它砸破了。
>
> 水迸——水涌了出来。
>
> 儿得活——小朋友得救了。

小结：看，借着注释，联系上下文猜一猜，我们就把文言文的意思读出来了。

3.师生合作，文白对读。

师读文言，生说相对应的意思。

同桌对读，一生读文言，一生说相对应的意思。

4.齐读课文，感悟故事。

六、五读课文，想象理解

(一)情景描述，展开想象

师：孩子们，这个故事描写的情景是相当惊心动魄的。一个小朋友掉进大水缸，随时有生命危险。在这样危急的情况下，庭院里的孩子到底怎样做呢？不同的小朋友又有什么不同的表现呢？想象一下，你会看到什么情景？大家可能怎么说？怎么做？能用"有的……有的……有的……"串起来讲吗？

生自主思考。

指名。

(二)换位思考，拓展故事

师：有一个人表现得与众不同。他就是——司马光。他当时是怎么做的呢？

指名。

小结：孩子们，发现了吗？学习文言文，还要边读边想象当时的情景，这样就能读懂故事情节，体会其中的情感，读出文言文的味道。

161

[板书:边想象]

同桌互相说一说故事。

指名说故事。

(三)齐读课文,再比较文白不同

师:现在谁来说一说,这篇课文和我们平时学的课文有什么不同?你发现文言文的特点了吗?

生:精炼,简短,内容丰富,有趣……

七、六读课文,评价传承

(一)出示不同呈现方式的课文内容,朗读感受

师:孩子们,你知道吗?古人写文章是没有标点的,现在老师把古文还原为原来的样子,你们还会读吗?

出示横版未加标点的课文,齐读。

师:古人写文章是竖着写的,像这样会读吗?

出示竖版课文,齐读。

师:如果有些句子漏掉了,你还能读出来吗?

出示填空式课文,齐读。

(二)评价人物,正确导向

师:孩子们,在这个故事里你最喜欢谁?为什么?

生:司马光。他聪明,机智,想的办法很巧。

……

(三)出示《宋史·司马光传》的前半部分,生默读

师:想想你还了解到怎样的司马光?

生:爱读书。勤奋学习。

……

(四)出示关于司马光的名言

齐读。

(五)结课

这节课,我们学会读文言文的方法:反复读,看注释,猜意思。在想象中感受故事,感受文言文这种传统文化的美妙,学习故事中的人物,让我们成长为一个拥有美好品质的人。

【板书设计】

司马光(文言文)

反复读
看注释
猜意思
会想象

（执教：厦门市群惠小学　洪征）

第七章　语文学科中的理性教育资源探寻

　　语文教育作为一门科学,整合的内容结构,科学的方法结构,彰显了语文课程的理性精神和语文教学的结构之美。语文学科中蕴含着丰富的理性教育资源,教师应重视理性思维在语言活动中的关键性作用,采取各种措施挖掘和探索理性教育资源,多角度、多元化地设计教学,强化作为现代公民必备的缜密逻辑理性的训练,提升学生的思维品质,培育公民表达素养。

一、语文学科中的理性教育资源探寻

(一)凸显语文教材中蕴含着的逻辑推理要素

　　逻辑性是理性教育的重要内涵。逻辑指人通过判断、推理、论证来理解和区分客观世界的思维过程。思维的逻辑性表现为遵照规律、顺序,使思考的问题更有条理、有层次、前后连贯有序。

　　现有教材基本以人文主题构成单元序列,教材中的单元知识目标体系构建,以逻辑思维为起点,一般是由易到难排列,形成有序而关联的网状结构。教师应关注教材编写时所形成的知识序列及单元结构,凸显教材设计思路的科学性、有序性、系统性。一方面,要对散落于课文之中的语文课程知识进行明晰与提炼,连点成线,连线成面,使之形成具有良好组织结构的知识。这种能引导学生概括总结的学习材料,有助于在学习新知识或解决新问题时的积极迁移应用。另一方面,要强化目标意识,把三维目标、教学方法、教学能力融会贯通为一个充满活力的有机体。

　　课文是学生学习语言的典范和例子,是个完整的生命体。它不仅是作者感性的挥洒,也是理性的独白。具体到每一个文本,从篇章布局、悬念设置、遣词造句、语体风格等,都是一个立体化的整体。一个文本就像一个完备的自足系统,文本下的各个方面就是子系统,这些子系统相互融合。要掌握各部分之间的规律和联系,使之互相补充、互相协调,新的整体功能将大于各子系统功能之和。

　　也就是说,要跳出字词句段的限制,站在篇章的角度,抓住文本内在的联系性,探讨文章的方法与结构,揣摩作者是如何进行布局的,引导学生解构作者的思路、文路,进入对文本的整体把握。像这样,对文本的思想内涵以及内在关联作理性探究,包括分析语言符号的内外指涉、逻辑结构、语法规范等,能提高学生的语言分析力与驾驭力。

　　教材可视为学习资源情境的设计结果,基于这样的思考,教学应注重多部作品的关联比较,或相同,或相似,或相反,或延伸。比如同一作者的其他作品;同一主题的不同取材角度、叙述手段;其他艺术手段展示的相关主题作品……此举有助于打开学生的阅读视野,深化对文本的理解,更重要的是,使学生参与多种认知水平的互动,清晰且简明,从而达成高阶思维的发展。

　　凸显逻辑性要强调前后学习内容的关联性、连续性,一个单元内部和不同单元之间、前后的听说读写学习活动之间都有所关联、关照。突出这种整体性、系统性,能促进学生更有条理、有层次地思考问题,提高其推理论证能力。

(二)在语文教学中体现客观求真的追求

　　"客观:一是在意识之外,不依赖客观意识而存在的。二是按照事物的本来面目去考察,不加个人偏见的。"(《现代汉语词典》)

　　理性主义尊重和崇尚客观事实与公理。如果不以客观事实为前提,推理过程无论多么合理正确,其结论也是错误的。推理要以必然事实与普遍事实为起点和前提,从而使其求证更加科学。

　　客观是理性的源泉,是理性的第一属性。文本的客观性是其内在的本质的特点,所谓的言之有物、言之有据。凡阅读都不能无视文本的客观性,"承认文本的客观性,承认文本对阅读的前提性意义,这是阅读教学之所以可能的条件。"(李海林)

　　选入教材的文章,依据文本客观性由强渐弱依次为:科学、法令说明文—观点、意见论证文—新闻报道—观察笔记—传记—叙事散文—抒情散文—杂文—小说—戏剧—诗歌。教学时,要根据文本的客观性强弱、诠释空间大小来调整阅读策略,恰当地发挥或限制师生诠释的主观性,以尽可能地提高主客观结合的合理程度。

　　任何主观需要都必须建立在客观可能上,摒弃那种不顾文本客观性内涵,随意解读的行为。脱离文本的客观内涵,以外来道理任意宰割作品,是不能正确把握作品的思想蕴涵和审美蕴涵的。尊重文本的价值取向,研究文本,是为了走出文本,培养符合常规、符合正常逻辑的生活态度与生活情趣。

文本的重要价值是求真,在表达上体现为充分的论证、符合逻辑的思维、富有条理的结构及准确严密的语言。这种典范性有助于在运用语言文字过程中进行理性思维训练,从而强化学生求真务实的追求。以思维能力为核心的语言文字运用,体现在主体方面的就是阅读能力,即在阅读中通过同化顺应、重构整合,达成对文本的理解、说明、鉴赏、批评。在此过程中,学生学会抓住要点筛选、提取和整合信息,有理有据地表述自己的观点。

学生作为不成熟的读者,因其知识技能、生活积累、阅读方法等方面的不足,阅读体验往往是源自文学作品的"真",然而,这种"真"体现了儿童的信仰与情怀。

教师一方面要尊重儿童的这种真实体验,另一方面,要引导学生在行文表述、言外感悟、及彼迁移中把握文理,因文悟道。研读文本,最终要让学生产生自己的观念,形成自己的生活态度。因而,可让学生对自己的诠释作出具体说明,从文本中找出依据,为其合理性作出辩护,再由其他学生评议。在相互启发、交流、汲取的过程中,学生能反观自己理解的合理程度,对文本的诠释得以由错误到正确、由片面到全面、由肤浅到深刻。

理性精神首先是独立思考,不迷信。理性表达的价值在于真实,说自己的话。学习文本,更重要的是从中学习观察生活、体验生活、表达生活的方法与态度,把知识和能力迁移应用到生活实践的各方面去。这样历练出来的语文能力,就有可能在将来改变自己的生活。

(三)强化语文学习中的批判反省意识

批判性思维指基于严格推断,能抓住要领,善于质疑辨析,富于机智灵气、清晰敏捷的日常思维。即富于洞察力、辨别力、判断力,对现实保持质疑的态度。

批判思维和创造是人类的最高本性,是人的本质所在,这种能力并不是少数天才人物的专利,而是任何人都具备的思维品质。语文课程培养学生的批判性思维能力,意在提供一种广阔的思维空间,使学生保持不拘泥于常规的、原生的、自由创造的思维能力,思考问题多元化、多维度和多样化。这样,有助于理解多样生命形态,多种生存方式,形成多元文化意识,认同自然、生命和人的多角度进化和选择,乃至宇宙和社会的丰富形态……生命价值由此得以提升,世界因此丰富多彩。

具体到每一个人，他也是多元的、变化的，决定了教育必须是多样化。因而要摒弃标准化的、目标性的语文教学，追求开放的、导向性的语文教学，使课堂兼容并蓄，充满张力和活性，学生得以人尽其能、人尽其才。

语文教学增加了批判性阅读，可以引导思维再前进一步。文本的一切并不都是完美的，学生以质疑的眼光，查找文本的缺陷，努力寻找文本表意上的不足，或表达技巧的不合理……这种理解性阅读之外的批判性阅读，使语文教学走向深入。引导学生学会多元解读，一是要抱着真诚和客观的态度去阅读，防范个人偏见；二是要基于文本事实，辨别问题的价值，抵制毫无根据的想法；另外，要宽容不同的意见，通过角色换位，学会站在别人的角度、联系社会生活来理解文本。

学生作为主动的阅读者，能够基于充分的理性和客观事实，主动发问，学会将自己的思维用文字有条理地、清晰地表述出来，并在文中找出相应的材料和细节来支持自己的观点。即摆出观点并用各种具体表达手段加以支持分析，说理能力因此得到提升。

这样的训练，意在引导学生多角度地思考问题，不依常规、寻求变异，有助于逐步形成世界的、多元的、开放的眼光；能够在习以为常的说法中发现意蕴，寻找恰当的表述；通过严密的逻辑分析和实践检验来接受、认同各种观点和信息。也就是说，评价、质疑、提出不同意见的逆向思维能力，创造性地综合运用知识信息的能力，才是最重要的。

联合国教科文组织在《塑造明天的教育》一书中指出："学习是以批判的方式提出问题的活动。"批判性阅读，让学生学会用自己的眼光去阅读，做负责任的表达者。在此过程中，对文本和人生深层意义作出多元的思考，价值观得到提升和重构，思维品质因此得到提升。因为人的素质差异，本质不在于所掌握的知识信息量的差异，而在于思维能力的差异。

以上三个方面的资源相互交叉，在教材、教学及主题学习活动中视具体情况而占不同的分量。教师要深入地研讨教材，从内容到形式多角度挖掘、放大教材中"理性"的因素，并在听说读写过程中有意识地渗透理性思维与方法，让学生在充分感悟的基础上，体会理性思维的妙处。

二、语文学科中的理性教育实践路径

(一)教材——重组提炼延伸，构建言语能力体系

在语文学科中渗透理性教育，应立足语文学科体系，对教材进行重组、加

工、优化,强调知识间的逻辑关系,让教学内容切合学生的思维过程,建构言语能力体系。言语能力体系的建构包括阶段性目标的合理设置、言语技能的反复训练、言语实践活动的开展等,教材的整合,目的在于促进学生自主构建言语能力。教材之变,当是基础。

重组教材,要摒弃内容主题显现、能力主题隐匿的错误做法,科学、合理地设置语文知识体系和能力序列,强调信息的关联、整体的认知和学生主动的思考。根据教学目标、编排序列及其在整套教材中的价值,替换、压缩、嵌入相应的内容,建立起前后关联、三维整合、立体化的单元内容体系,形成一条清晰的逻辑线索,拓展学生能力习得的深度和广度。

选择教学内容时,要从整体上考虑不同教学内容之间的内在联系,有意识地连点成线,连线成面,通过教学帮助学生构建网状的知识体系。这样,围绕核心目标的相似内容各成一个模块,学生一旦触及模块中某个文本的信息,其他信息就会立刻出现在学生头脑中,由此读厚文本。教学逻辑体系的建构,既有利于教,又能促进学。

文本中的理性教育因素,在不同的课文中有不同的分量,既有分散也有集中,要善于提炼并以此为主线展开教学。教学时,不可能涉及一篇课文里蕴含的所有信息,甚至对许多重要的价值,也只能有所取舍。要选点达面,对教材内容进行萃取,析取核心概念与重点知识,加工、整合、链接,形成教学内容组织策略。具体思路如下:整体分析单元教学内容,梳理出相对独立的知识点,然后萃取、筛选出核心知识点,注意凸显理性教育因素。教学内容符合学生的认知规律与思维方式,教学设计与学生学习需求高度契合时,教学就为学习提供了天然的学路。

为促进学生建立多元的知识结构和技能体系,教学要以影响思维方式和行为效率为重点,由易到难地对学生进行结构化思维训练:有序思考—抓住要点,瞻前顾后—总结应用,触类旁通;引导在阅读中提炼、联想、替换,学会贮存和提取信息、推理和创新信息,从而掌握各种阅读策略;能基于语境组织话语,规范简明、连贯得体地表达自己的想法,并能通过词语变异、句式变化、语序易位等实现创新表达,最终促进言语能力体系的形成。

五千年积淀造就的汉语言文化博大精深,具有高度的错综性、融涵性,为教材的二次开发提供了丰实的资源。无论是补白调序、删减整合或创生,都应基于发展学生的言语能力,促进学生言语能力体系的构建。

(二)教师——基于生命立场,引领思辨性阅读

教师应基于生命立场,以发展的眼光看待学生的成长,立足多元思维方

式及多元问题解决策略,自觉培养完满人性。教师若具有丰富的知识背景、开阔的理论视野、合作精神及平和心态,其教学水平、教学风格、经验个性以及人际关系都可成为有效的理性教育资源,真正做到修己示人、以身垂范。教师之变,方是关键。

对任何一个文本,教师应以读者的视角,借助个性化的解读方式全息阅读,获得对文本的新颖、独特的理解,为高质量地引领思辨性阅读提供可能。教师应熟读文章学、写作学、语言学、解释学等,才能独具慧眼,从写作层面读懂文本的密码,根据学情,所要必精,所要必独有,努力教在学生似懂非懂之间。

强调思辨性阅读,主要是让学生能够形成对各种知识、观点的敏感性和反思习惯,在面对某种意见时,能对其本身的可靠性进行独立的、有条理的分析与考察,形成客观的生活态度,提升生命的价值。如《林冲雪夜上梁山》一文,可引导讨论:"为什么一个善良的、循规蹈矩的、有着光明前途的人,在没有犯任何错误的情况下,最终家破人亡,被迫成为一个强盗?"在法律、道德与社会习俗的底线之上,尽可能给学生提供多元的阅读内容和多元的文化滋养,让学生在复杂的文化矛盾与冲突中学会思考,学会判断和选择。

思辨性阅读的指导要着眼于语文教材是如何传达信息,而不是教材的原生价值。抓住文本的核心,引导学生基于自身经验、生活常识进行阅读与思考,让阅读有根。如"变成天鹅的丑小鸭是一种怎样的心情?""丑小鸭已经知道自己是天鹅了,应该是兴奋的,为什么还会难为情呢?"品味到一种谦和、淡然面对成绩的美好,经典作品的现代意义也渐次敞开。思辨的过程也是学生深入文本、学会思考、体悟人生的过程,读出现实,读出自我,由此引发的信念可能影响学生的一生。教学因此变得有力量。

为开启阅读新视界,提升思辨力,还应以由博返约的思想来研究教材,适量、适时、适度地引入背景资源,引入课外阅读,把书读厚。教师要以客观全面、大气理性的态度来观照现实,选择延伸的角度:介绍与文本相连、相近、相反的作品,认识异于常规的相关作品,拓展相关文学知识,传授文学赏析方法,指点读书方法,书目推荐,介绍相关学术研究方法,甚至是有争议的问题,教材中的错误例证……这样的延伸,不仅有助于深入解读文本,更重要的是,给学生提供不同的视角,培养怀疑和探索精神,学会全面而客观地看待问题,为学生解决现实问题提供逻辑与方法层面的参照。

"教员的天职是变化,自化化人。"(陶行知)教师必须有意识地、自觉地养成自己的理性思维和行动的执行力,以此化人。一方面要尊重观念差异,学习多样性知识,通过反思、叙事以外化思想、训练思维、保存智慧;另一方面,要努力提升并外显化自己的教学,学会合理掌控教学场域。特别应注意与学生交往时的一言一行,当涉及学生的人际地位、身份背景和学习动力时,教师更需保持一份敏感,营造兼容的、友善的课堂氛围,让身处其中的每个学生都有机会表现真实自我。

基于生命立场的思辨性阅读指导,教师要将学科教学过程作为重建人的价值理性的育人过程来看待,既要充分挖掘文本蕴含的价值资源,又言传身教,发挥示范作用。

(三)学生——自主自省自为,追求文理融通的思维模式

语文教学的一个重要使命是引导学生学会高品质的思考,让学生有思考的欲望和能力。通过语文学习,感性的和理性的东西构成触突网络,形成文理通融的思维模式,从而育成健全的人格。蒙台梭利说:"儿童的思维决定其一生。"当课程、教材、教师都在发生转变时,学生的思维品质也必须获得提升,同步跟上,方能和谐共振,相得益彰。学生之变,才是核心。

作为阅读主体,学生应站在课堂正中央,对处境不利的学生,通过交往方式、关注程度、期待水平等让其感受到教师的善意。语言文字的运用是人已有经验与问题任务相互作用的过程,取决于已知与未知的相互磨合程度,以及原有语文技能的稳定、熟练和变通程度。教学应基于学生的学习起点和发展层次,分析学生已有的概括水平、认知结构、学习的心向和定势,关注其个性、生活经验、行为习惯及社会文化背景。语文学习的外延是生活的外延,语文教学尤其离不开学生的生活实际。

一切阅读皆从属于当代,阅读要融入当代的生活,文本只有在生活的观照下才有意义,思维训练要以学生适应现实社会为出发点。如学习《丑小鸭》一文,探讨丑小鸭是主动地逃还是被动地逃? 它是一只天鹅蛋,不努力也会成为天鹅的! 那么,生命的旅程应该是顺其自然,还是可规划可预设的? 童话世界与现实生活的接轨,让学生明白,丑小鸭的努力,不仅是在完成生命,更是在认识生命,之前的奔逃和努力,其实是一种动态的等待。融入生活的文本阅读,拓宽了学生的人生视野。学生不知不觉地将思维的触角伸向生活的各个角落,培养了迅速适应新环境的思维和利用各种资源解决问题的能力。

语言促进认知的发展是在读写过程中实现的。一方面,教师要引导学生归纳识别、合情推理、进行合乎逻辑的表述,锻炼思维的缜密性和深刻性,做有策略的阅读者。另一方面,教师引导学生通过提问、预测、推论、连结、图像

化、综合整理等,提升其阅读素养,促进思考力体系的形成。如漫谈链接,延伸思维广度;预测概括,增加思维速度;多读文本多重内涵,挖掘思维深度……思考力一旦形成体系,其整体大于部分之和的系统效应,会提升一个人的思维品质。

基于学习力培养的课堂,应"还教于生""还生于人",培养学生的自由精神以及自省自为性。课堂上,要充分发挥学生的自主性,合理组织自学与互帮,让学生承担起学习的责任,引导自我调节学习,培养自我监控和反思能力。

罗杰斯认为,有意义学习有四个特点:全神贯注,自动自发,全面发展,自我评估。每一次阅读都应追求有意义的学习,引导学生学会提出问题,表达有力的观点,概括抽象的东西,演绎推理,不断反省,让每一次的阅读伴随着文本意义与自我意义构建,多元解读,结合认知和经验肯定自我,更有想象力地做更多的事情,最终实现自我。

(四)媒体——开放多元对话,培育公民表达素养

当今时代,是一个由手机、电视、网络、报纸、书籍、广播、广告等传媒工具构成的巨媒体信息时代。语文教育应主动追求与传媒的深度融合,开放语文课堂,引导学生体验多元的文本形式,参与公共事务的讨论,学会以公民的姿态,作理性的表达。用好媒体,借力提升。

信息传媒时代,来自报纸杂志、电视录像、电影广播、互联网微信等的媒体文本形式,使传统的语文教育变得有声有色。面对铺天盖地的信息,一方面,教师要有开放的课程整合意识,引导学生学会阅读媒体文本,使用读、听和视去理解、去欣赏各种印刷或非印刷的文本。在搜索、利用媒体文本的过程中,发展媒介语言和视象能力,提高浏览与发表能力。

另一方面,要引导学生学会追逐前沿,学会有选择地学习,学会选择最有价值的知识,培养分析、筛选和存储信息的能力。如伴随着微信、微博而兴起的微文阅读,以其资源海量、时空开放、体验交互成为当今的主流阅读方式之一。引导学生学微文,摘微文,用微文即时地指导生活实践;采用传统阅读方法,进行微文阅读:如抓住关键词进行阅读,筛选并提取有用的核心信息,读懂评价、跟帖、围观和点赞中的关键意思。降低微文阅读的娱乐化与碎片化带来的负面影响,扬长避短,培养学生的独立思考能力和判断能力。

教师要努力构建开放的语文教学体系,为学生提供多种介质的文本环境,重视交流观点和分享理解。尝试引入翻转课堂教学法、微课程教学法,建立读书论坛、读书 QQ 群,为学生提供更有针对性的个性化学习元素,拓宽视野。在引导广泛阅读的基础上，精选教材，进行深度教学；开设专题讲座，介绍前沿性知识；吸引学生参与到网络对话中来，师生共同穿越，走向语言表达。通过深入的思考、热烈的争论、良好的沟通，培养积极适应生存、主动谋求发展的人生态度。

在价值多元的今天，更应追求民主开放的教育，让学生在自主实践中，发展真实多样的语言受用能力和交流技能，抵制盲从、低俗，防止思维力的萎缩。要注重培养适应信息化时代工作、生活、学习所必需的传播交流技能，如基于语境表述，铺排句子的逻辑顺序，在适应的时间、地点，用适当的方式，说适当的话。更重要的是，能自觉追求既属于自己又属于公共的善和共同的幸福，树立关怀尊重、对话交流的意识——公共理性精神。

语文教学要融入现代生活和学生生活实际，充分利用网络大知识容量和高密度信息的优势，提升学生的思维品质，培育公民意识。与此同时，也应牢固树立传统文化价值观念，一书在手的感受不是技术进步所能取代的。发挥纸质资源与互联网各自的优势，创设开放、蓬勃的语文学习新局面。

在价值多元的信息时代，语文教育要着眼于每个独立的个体，引导学生学会尊重差异、理解关怀、对话沟通，以公民的姿态，作理性的表达。与此同时，还要善于利用现代社会先进而又丰富的资源来拓宽视野，发展思维，因为汉语言文字既有艺术化的写意特性，也具有理性逻辑化特性，有利于多种思维结构的合成。挖掘语文学科中的理性教育资源，探寻语文学科中的理性教育实践路径，不仅必要，而且可行。

（注：本文作者为厦门市群惠小学黄坚定校长。对笔者的研究，黄校长一如既往多方支持。对一名热爱研究的老师而言，校长的支持是极为重要且不可或缺的资源。借此机会向可敬的黄校长致谢！）

19. 求真务实

二上《寒号鸟》教学设计

关键词　求真务实

本设计基于古老的民间传说展开讨论，引导学生做事既要考虑当下，更要着眼未来,预测未来的多变,严格要求自己,自觉提升。个人的感受应让步生命的尊严,求真求实,促进人性境界提升和理想人格塑造。

寒号鸟
——统编版第三册第五单元

一、激趣导入,揭示课题

1. 齐读课题,了解民间故事。

2. 学习多音字"号"。

3. 介绍"寒号鸟"名字的由来。

二、学习生词,说话训练

(一)课件出示生词

前面	喜鹊	当作	枯草	懒惰	却	将来
重复	哀号	夜里	狂吼	衔回来	趁天晴	

1. 借助拼音,自由读。

2. 开火车抽查易错字词,相机指导:"吼"的读音,多音字"当"在课文中读第四声。

3. 齐读去掉拼音的词。

(二)课件出示词组

一堵石崖	一道缝	天气晴朗	忙着做窝	温暖的窝里	伸伸懒腰
不听劝告	得过且过	寒冬腊月	冻得直打哆嗦	冷得像冰窖	
东寻西找	几阵秋风	大雪纷飞	不停地叫着		

1. 齐读词语。

2. 用"冷得……""冻得……"说话。

出示"冻得直打哆嗦、冷得像冰窖。"

生照样子说词组,明白同一个意思可以有不同的说法。

3. 出示下列句式,用上刚才说的词组,口头填空。

因为 ＿＿＿＿＿＿＿＿,所以寒号鸟冻得 ＿＿＿＿＿＿＿＿。

因为 ＿＿＿＿＿＿＿＿,所以崖缝里冷得 ＿＿＿＿＿＿＿＿。

三、抽取关键信息,了解故事背景

(一)指读第 1 自然段。

思考:寒号鸟和喜鹊分别住在哪里?请找出最重要的几个词。

相机引导学生自己组织语言回答。

(二)出示课件,口头填空

> 寒号鸟住在　山脚下石崖上的一道缝里　。
>
> 喜鹊住在　河边的杨树上　。

生读句子,再与课文中的相关句子作比较,明白同一个意思,可以有不同的表达。

(三)生齐读

齐读第 1 自然段。

四、把握主要内容,了解前因后果

1. 按要求自学课文,理清文章主要内容。

课件出示自学任务。

> 默读课文,按要求完成任务:
>
> 1. 冬天快要到了,喜鹊忙着做窝,寒号鸟在干什么?用横线画出来。
>
> 2. 寒号鸟为什么这样做?用波浪线画出来。
>
> 3. 结果寒号鸟怎么样?用双横线画出来。

2. 投影学生画的句子,指名读。

> 冬天快要到了,喜鹊忙着做窝。
>
> 寒号鸟却只知道玩,累了就回来睡觉。
>
> 太阳高照,正好睡觉。/天气暖和,得过且过。
>
> 可是,寒号鸟已经在夜里冻死了。

3. 指导串说上述三个句子,连成主要内容,把握故事主要情节。

五、读思评议,感受不同生活态度导致的不同结局

1. 默读课文第 2 至 9 自然段。

走进故事,感知寒号鸟和喜鹊因为有着不同的生活态度、不同的行为,导

致不同的结局。

2. 句子重组,三读三议,体会品评。

出示寒号鸟的四次语言。

---

1. 冬天快要到了,喜鹊忙着做窝并劝寒号鸟赶快做窝,寒号鸟不听劝告,躺在崖缝里对喜鹊说:"傻喜鹊,不要吵。太阳高照,正好睡觉。"

2. 寒风呼呼地刮着,寒号鸟在崖缝里冻得直打哆嗦,不停地叫着:"哆啰啰,哆啰啰,寒风冻死我,明天就做窝。"

3. 第二天清早,喜鹊再劝寒号鸟赶快做窝。寒号鸟还是不听劝告,伸伸懒腰,答道:"傻喜鹊,别啰唆。天气暖和,得过且过。"

4. 寒冬腊月,大雪纷飞。北风像狮子一样狂吼,崖缝里冷得像冰窖。寒号鸟重复着哀号:"哆啰啰,哆啰啰,寒风冻死我,明天就做窝。"

【一读】角色朗读,理清因果。

1.指名两生分角色读。

2.想一想:这是一只怎样的寒号鸟?用以下句子表述:

寒号鸟真是＿＿＿＿＿＿＿＿＿＿＿,因为＿＿＿＿＿＿＿＿＿＿。

3.齐读寒号鸟冻死原因的四个句子。

课件出示四个句子。

寒号鸟真是太懒惰了,因为它总是不去做窝。

寒号鸟真是太贪玩了,因为它只知道玩,累了就睡觉

寒号鸟真是太不听劝告了,因为喜鹊劝了两次它都不听。

寒号鸟真是做事太拖拉了,因为它总是说明天再做窝。

【二读】句式训练,感受一果多因。

1.分角色读课文中喜鹊与寒号鸟的对话,了解寒号鸟冻死是由多种原因造成的。

2.出示课件,口头填空。

因为寒号鸟＿＿＿＿＿＿＿＿、＿＿＿＿＿＿＿＿、＿＿＿＿＿＿＿＿、＿＿＿＿＿＿＿＿,所以它最后冻死了。

小结:寒号鸟之所以冻死,是由很多原因造成的。

【三读】联系生活,感悟主旨。

1.师生分角色串读故事。

2.联系生活,思考评议。

师:读完课文,你明白了什么道理?

相机引导:学习喜鹊做事提前计划、提前准备的好习惯,不能像寒号鸟偷懒、得过且过。寒号鸟和喜鹊有着不同的生活态度不同的行为,最后导致不同的结局。

3.出示名言,齐读。

> 天才出于勤奋。——高尔基
> 不为明天做准备的人永远不会有未来。——卡耐基
> 接受有益的劝告,总能取得进步。——席慕蓉

六、生字书写指导

1. 出示生字"朗、夜"。

范写,生书空。

2. 描一个写一个,展示评价。

七、结课

齐唱《劳动最光荣》。

【板书设计】

		寒号鸟	
勤劳的			懒惰
	喜鹊	寒号鸟	贪玩
善良的			做事拖拉
			不听劝告

(执教:厦门市群惠小学　陈燕瑜)

20. 自主自省

四上《牛和鹅》教学设计

关键词　自主自省

本设计引导学生多角度感悟颇具哲理的童年故事,学会自主自省,即回

归现实,要学会跳出自己的思维框框,对长期以来支配自己的思维范式,作出清醒的评判。直面自己,承认自己的无知,方能察觉并走出思维惯性,走向更开阔的人生。

牛和鹅
——统编版第七册第六单元

一、说话训练,导入新课

(一)联系生活,思考惯性
课件出示名言。

> 童年啊! 是梦中的真,是真中的梦,是回忆时含泪的微笑。——冰心

齐读。

师:童年是美好的,美好的童年离不开多姿多彩的动物世界! 童年时期的你们,最喜欢什么动物? 最怕什么动物? 为什么? 请用下列的句式说一说。

课件出示

> 我最喜欢_____,因为_____。
> 由于_____,我最怕_____。

生自由说。

(二)揭示课题,了解作者
师:今天我们要学习的课文就和动物有关,一起读课题。
生齐读课题。
师:这篇课文作者任大霖,是中国儿童文学作家,请大家浏览一下他的简介。

课件出示。

> 任大霖,中国儿童文学作家,出版了数十种儿童文学作品。其中,《蟋蟀》获第二届中国少年儿童文学艺术奖一等奖。20世纪五六十年代的作品以反映农村少年生活为特色,善于描写江南乡土风情。

生默读。

二、理清脉络,概览全文

(一)整体入手,检查预习

师:课前预习过课文了,谁能概括说说课文的主要内容?

指名。

(二)提供支架,学会概括性表达

师:同学们能结合题目,用上这样的句式来说主要内容吗?

课件出示句式。

原来_____,后来_____,结果_____。

指名。

[板书:很怕鹅、欺负牛——被鹅追赶、惊吓——不怕鹅、不欺牛]

师:这是一个改变看法的过程,叙述时只须用上概述的语言,把过程简单说清楚就行。

同桌根据板书互说。

(三)梳理文脉,学习概括

师:原来"我"很怕鹅、欺负牛,这是事情的——

生:起因。

师:后来"我"被鹅追赶、惊吓,金奎叔出手解围,这是事情的——

生:经过。

师:结果"我"改变了看法,不再怕鹅,也不再欺负牛,这是事情的——

生:结果。

课件出示课文的主要情节。

起因:原来"我"很怕鹅,欺负牛。
经过:后来"我"被鹅追赶、惊吓,金奎叔出手解围。
结果:"我"改变了看法,不再怕鹅,也不再欺负牛。

小结:很多叙事的文章都是按照事情的起因、经过、结果来写的,条理很清楚。这篇课文也是这样。现在谁能把事情的起因、经过、结果串起来说说课文的主要内容呢?

指名。

三、学习批注,理解课文

(一)明确单元学习要点,初步了解批注

师：单元导读一般能明确告诉我们本单元的学习内容与学习目标,所以学习课文之前,还需要学会读单元导读。

出示单元学习目标,齐读。

师：什么是批注呢? 先来浏览一下课文的五处批注。像这样,在书页的空白处,用文字记录下自己的收获或思考,就是批注。今天我们就来学习用批注的方法阅读。

课件出示课文的五处批注,生默读。

(二)按要求自学课文,尝试批注

出示自学要求。

> 默读课文,按要求完成任务。
> 1. 哪些词句表现了"我"见到鹅和被鹅袭击的心情?请用波浪线画出。
> 2. 用横线画出金奎叔的话,想想:"我"为什么还记着金奎叔的话? 用几个词把你的体会标注在旁边。

生根据问题自学。

(三)小组交流

完成自学任务后,小组交流。

四、品读课文,审视惯性

(一)朗读重点句段,感受人物心情

师：大家读书很认真,把表现"我"见到鹅和被鹅袭击时心情的词句都画出来了。请大家看以下词句,注意把漏画的赶紧补上。

> 看到鹅,我们总是远远地站在安全的地方,才敢看它。要是在路上碰到鹅,就得绕个大圈子才敢走过去。
> 我们马上都不说话了,贴着墙壁,悄悄地走过去。我的心里很害怕,怕它们看见了会追过来。
> 我吓得脚也软了,更跑不快。
> 忙乱中,我的书包掉了,鞋子也弄脱了。我想,它一定要把我咬死了。我又哭又叫。
> 我也挂着泪笑了。一切的恐怖,全消失了。

1.投影以上句段,指名按段落顺序读上面的句子。

2.师生合作读标画出的句子。

师:看到鹅——

生:我们总是远远地站在安全的地方,才敢看它。要是在路上碰到鹅,就得绕个大圈子才敢走过去。

师:有一次走过池塘边,看见白鹅在水里游——

生:我们马上都不说话了,贴着墙壁,悄悄地走过去。我的心里很害怕,怕它们看见了会追过来。

师:鹅追过来了——

生:我吓得脚也软了,更跑不快。

师:糟糕,鹅咬住我的衣襟了——

生:忙乱中,我的书包掉了,鞋子也弄脱了。我想,它一定要把我咬死了。我又哭又叫。

师:金奎叔把鹅摔到了池塘里——

生:我也挂着泪笑了。一切的恐怖,全消失了。

(二)指导标注,感悟写法

1.讨论写法。

师:仔细看看这些句子,从哪几方面描写人物?

学生自由发言,师相机标注"心理描写""动作描写"等。

师:你们可以像老师这样,把写法标注在有关词句旁边,这就是标注的一种。

2.学习标注。

师:请大家再读读这几个句子,体会"我"的心情。直接表示心情的词,大家可以圈出;没有直接表示心情的句子,就用一两个关键词标注在句子旁边。

学生做批注。

课件出示"害怕、恐惧、惧怕、惊慌、恐慌、轻松"等词语,相机指导学生标注在课文相关词句边。

学生齐读表示心情的词。

3.总结方法。

师:谁来说说,刚才的阅读中我们学习了哪些批注的方法?

指名。

小结:批注的方法有许多,如结合课后问题,画句子,圈词语,提问题,标写法,写体会……

4. 联系生活,审察惯性。

(1)指名读金奎叔的话。

课件出示金奎叔的话。

> 鹅有什么可怕的!看把你吓成这样。让它这样看好了,可是,它要是凭这点来欺负人,那咱们可不答应,就得掐住它的脖子,把它摔到池塘里去。记着,霖哥儿,下次可别怕它们。

齐读。

(2)联系实际,说说自己的相似经历。

师:能根据你刚才自学时批注的词语,联系生活实际,说说自己有跟作者相似的经历吗?你从金奎叔的话中得到什么启发?

指名。

(3)点评批注,展示交流。

师:下面请同学们根据刚才的交流,在金奎叔说的话旁边作详细的批注。

学生自主批注,师巡视指导点评,相机展示个别做得好的批注。

小结:联系生活实际写体会,也是一种批注的方法。

五、总结学法,学习反省

(一)总结批注方法

师:同学们,今天我们学习了用批注的方法阅读。一起读读今天所学的标注方法。

生齐读:结合课后问题、联系生活实际,画句子、圈词语、提问题、标写法、写体会……

师:边阅读边做批注,之后再重新读课文,可以加深对文章的理解,会有新的收获。

(二)欣赏名家批注

师:我国古代四大名著之一《红楼梦》,令人百读不厌。脂砚斋是最早的《红楼梦》批注者,他为《红楼梦》做了详尽的批语,被称为脂评本;读《水浒》必须读《金圣叹评点〈水浒〉》,金圣叹对《水浒传》的阅读批注是中国文学史最具特色的评点之一。现在我们一起欣赏一下名家的批注。

课件出示脂评本等名家批注图,学生欣赏。

(三)鼓励批注反省

师:通过刚才对名家批注的欣赏,你们知道"不动笔墨不读书"中"笔墨"

是什么意思了吗？希望你们养成"不动笔墨不读书"的好习惯,一边阅读一边批注! 学会批注,并养成自我审视的习惯,联系文章对自己的行为重新思考,这是一种最高级的批注!

【板书设计】

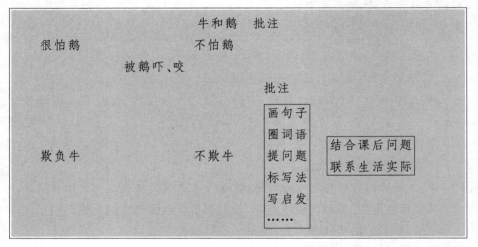

（执教：厦门市群惠小学　罗旭芳）

21. 多元对话

六上《穷人》教学设计

关键词　多元对话

本设计引导学生换位思考,理解人物的行为之后作出评判。通过角色换位,站在别人的角度、联系社会生活来理解文本。在此基础上,多层次、多角度观照文本,学会包容不同的意见。在对话中,彼此相互启发,相互碰撞,最终求同存异。

穷人
——统编版第十一册第四单元

一、换位思考,感受人物形象

(一)抓住心理描写,体会人物形象

师:上节课,我们初步学习了课文,老师让大家圈画直接描写心理活动的语句,请大家交流一下。注意交流时,说清:这是在哪个情节中的心理活动,你读出了桑娜怎样的内心,感受到什么样的人物形象?

(二)反馈交流

生:在"等待丈夫"这个情节中,"桑娜沉思:……没什么可抱怨的",读出了桑娜的担心,感受到她是关心、体贴丈夫。

生:在"探望西蒙"这个情节中,"桑娜想起了傍晚就想去探望的那个生病的女邻居。……她猛地推开门",读出了桑娜对西蒙的担忧。我看到了她心想他人,关心同情他人,她是一个心地善良的人。

……

二、联系背景想象补白,理解矛盾心理

(一)自由朗读,有据想象

课件出示第9自然段。

师:"桑娜脸色苍白……嗯,揍我一顿也好!"这段心理描写尤为经典,透过这段,你还读出桑娜此时内心有怎样复杂的感受? 小声读一读这段话,边读边思考。

生读后交流。

生:文章对桑娜这个人物的刻画,是从心理活动的角度入手,体现在两个方面:一是她担心丈夫出海打鱼遇险;二是在看到西蒙死后,把两个孩子抱回了家,担心丈夫不同意。

……

(二)根据省略号,结合人物所处环境,想象补白

生同桌交流。

(三)对比审察,理解复杂矛盾的心理

师:如果写成桑娜"毫不犹豫"把两个孩子抱回家,你们觉得是否更有助于塑造桑娜这个人物形象?

生：不行。文章的描写，体现了桑娜先是激动，继而紧张、担忧甚至责备自己，最后坚定了决心。这一系列的复杂心理描写，更真实更感人。

……

三、品评写法，联系人物性格特点探究其心理

(一)依据人物神态动作，猜测人物内心变化

师：品读人物的神态、动作，去想象人物的内心，能帮助我们更好地感受人物形象。渔夫回来之后，他们又经历了怎样的心路历程呢？

同桌合作学习，交流人物的动作、神态的关键词句，猜想人物当时的内心。

(二)汇报交流

生：我注意到丈夫归来夫妻对话时，桑娜"脸色苍白"，猜想桑娜心里极度紧张，害怕丈夫不会同意，想着抱养孩子的事该怎样跟丈夫说。

……

(三)联系对话内容，推测人物心理

出示文中两次"沉默"的语句。

师：桑娜的两次沉默，反映了桑娜善良的心地。此时桑娜的内心又是怎样的呢？联系上下文人物对话的内容，写一写桑娜的心理活动。选择一处即可。

生写完后点评。

(四)比较两种写法，感悟经典之妙

讨论：这里，作者为什么不把桑娜的内心想法像前面的课文那样直接写出来呢？

指名。

小结：你们学会了联系生活、联系人物性格特点来猜测人物内心。学习小说，要会多层次多角度反复回看。跟同学意见不相同是正常的，重要的在于彼此启发，求同存异。

四、立足全文，感受小说情节的波折

(一)概括全文主要情节

师：这篇文章很长，谁来把人物的心理变化节点所对应的情节说一说？

指名。

师：谁来把这些主要情节连起来，说说文章的主要内容？

指名。

(二)解读文章结局,体会情节起伏

师:小说的结局怎么样? 从哪里看出来?

生:从渔夫"皱起眉、脸变得严肃、忧虑"的神态,知道了渔夫感觉问题很难办。"搔搔后脑勺"这一动作,可见他正在认真思考,我读出了渔夫的憨厚。

……

师:此时渔夫的内心可能会想些什么呢?

生:渔夫和桑娜的想法不谋而合,他决定收养两个孩子。

……

师:桑娜此时的内心又是怎样的呢?

指名。

(三)概览全文,总结学法

小结:小说的结局是完美的,悬念终于解开了。同学们,这节课我们跟随着桑娜的活动历程,紧贴着桑娜的内心起伏变化着。阅读时,我们可通过人物的动作、神态描写,来猜想人物的内心,体会人物形象。当我们站在人物的角度时,就更能理解人物,理解人物的行为,也因此获得更丰富的人生体验。

五、总结升华,推荐阅读

1. 回顾板书,总结升华。

2. 推荐课外阅读。

3. 续写《穷人》。

【板书设计】

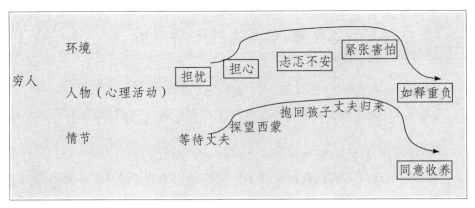

(执教:福建省晋江市第三实验小学　吴鸿玉)

第八章　让每一次教学充满教育的意义
——关于师生之间的随笔

1.信任：让我们一起守秘密

下课了，我在整理讲台，孩子们围了上来。王某茵小朋友问我："老师，你几岁开始没有尿裤子啊？"

我愣了一下，笑了："大概是两三岁吧。记不太清了。"

"我告诉你一个秘密，我爸爸十岁还在尿裤子呢！"小女孩自豪地提高嗓门说。

"啊？这可真是个秘密，你千万别告诉别人啊！"我故作严肃。

"当然，我再跟庄老师讲一下，就不再告诉别人了！"小女孩蹦蹦跳跳地走开了。

我忍俊不禁。可爱的童真，让人想起无瑕的白玉，想起清澈的山泉，想起沾着露水绽开的花朵。真感谢教师这份职业，让我时常有如此特别的享受。

2.评判：世界上有金刚钻吗

"老师，陈某航打我的脸！"某臻小朋友跑来报告。

"老师，我说世界上有金刚钻，他就是不信！所以才打他。"陈某航一脸委屈。

"那你要讲清楚，打同学肯定不对啊！"我哭笑不得。

"可是，他就是不信！我太生气了！就指指他的脸了。"陈某航都快哭了。某臻早就跑出去玩了。

"你的问题很有意思，可以多找几个小朋友讨论。不过，第一，不许动手；第二，讨论时，有不同意见也是正常的。"我蹲下来，告诉他。

教育要儿童化,不仅是个方法问题,更是有无先进教育思想的大问题;归根到底,是对儿童的尊重理解、宽容善待。其实我们都很清楚,孩子们跟草一样,他们终会长大,只是个时间问题。

"教育就是百分之三十的忏悔和百分之七十的等待。"教育是学生自己的事,教育工作者只是土壤和雨水。

3.商量:你想记多少分

改作业时,我发现庄某炜和李某楷小朋友的作业本没交。下课了,我让他们到办公室重做一次。完成了之后,我问庄某炜:"你看,你这期作业想记多少分啊?""一百吧。"庄同学很不客气地回答,他那自信的样子把我逗笑了。我说:"要不记九十吧,你同意吗?""嗯,这个不太好吧,还是一百吧。"旁边的老师听了笑起来。

李某楷小朋友也做完了,我说:"你的呢?你看可以记多少?""随便吧。""随便? 零分,可以吗?""记零分,这是在开玩笑吗? 老师怎么可以给同学记零分呢?"李同学笑得眼睛眯成了一条缝。

"为什么不能?"

"学生零分了,校长会骂老师的。我可不想老师被校长骂。"

……

我从未想过,这入学才一个月的孩子,还会从我的角度去考虑问题。

4.参与:我想的很重要

在教学笔画名称时,我说:"现在呀,我们隆重地请出横撇弯钩的一位笔画朋友,闪亮登场! 它就是——"我边板书边说:"横折折折钩!"

"哦——"孩子们都为这个比较复杂的笔画大叫起来。

然后大家跟老师一起书空。这时,王某臻小朋友径直从第一排座位冲了出来,到黑板前,踮起脚跟指着这个笔画,说:"老师,我有话说!"我说:"以后不许在上课跑出来,现在你先说吧。"他大声说:"这个横折折折钩像楼梯!"

"哦,你说得真不错。"我对学生们说:"你们有何意见?"

"还像老奶奶!""像一个人弯腰!"……

杨某小朋友也举高了手,说:"老师,我也要上台讲一讲!"

"好,你讲完了就下去。"我把扩音器对着他。

他却把扩音器咬在嘴里。

"哦,不是,这个不能放嘴里!"我赶紧拿开。

……

最后,我对学生们说:"孩子们,老师上课时,你们也可以讲,但如果不是特殊情况,不要离开座位。好吗?"

"好!"

"但是我是特殊情况的!"

"老师,我想的是很重要的!"

……

的确,对每个孩子来讲,自己的参与是最重要的。而对老师来讲,引导全班学生都来参与才是最重要的。如何在个性发展与全面提高中找到平衡呢?面对六十多名学生,这是一个现实的挑战。

班上最小的王某臻小朋友,长得像小一休,上课听着听着,总喜欢从座位上跑出来,指着黑板上的某个字,讲自己的发现。这天,为了让学生明白所有的笔画名称在汉字中都须一笔写成,且只能算一笔。我就讲:"点与竖折折撇吵架了,竖折折撇说,你才一点点,怎么也算一笔啊,我这么大也才算一笔呢!点说,凡是笔画名称都算一笔! 就像大人小孩都只算一个人!"

学生听了开心地笑了。王某臻又冲出来了,指着黑板说:"我昨天晚上也梦见点跟竖折折撇打架了!"我说:"拜托,不要跑出来好不好? 老师在讲课呢!""可是我真的梦见了!"王某臻拧起眉毛理直气壮地说。

我灵机一动,问学生:"大家看,王某臻就是笔画中的点,老师就是笔画中的横折折折钩,无论大小,都算一个人,对不? 能不能说老师比较大,算一个人,王某臻比较小,算半个人啊?"学生哄堂大笑,在笑声中理解:笔画须一笔写成,每个笔画只算一笔。

王同学这次主动跑出来,也算是当了一回教具,有所贡献了。

犹太民族流传着一句谚语:如果你想要几个小时的幸福,就去喝醉吧;如果你想要三年的幸福,就去结婚吧;如果你想要一辈子的幸福,就去做教师吧。我感谢教师这一职业,时常给我带来快乐。

5.喜欢：我要为老师评四百分

这节课,我和学生比赛读词语,根据读音准确及朗读语调来评定,学生得一百分。轮到我读后,再请学生为我评分。骆某坤小朋友举手说:"我要为老师评四百分,因为老师读得很好。"

我很感动,这个颇有灵气的文质彬彬的小男孩,学习专心认真,做事负责,收发本子一丝不苟。那天下课了,我问他喜欢上小学吗?他高兴地说:"我最喜欢老师了,所以我就喜欢上小学了。"我开心地跟他握握手。

骆同学为我评了四百分,一下子远超全班学生的分数,不少学生不乐意了,我就自己评了一百。

教学与教育相生相长,在学习生字的同时,学生也在学习如何评价别人,如何看待自己,如何与他人相处。这一切在未来生活中也极为重要。

6.客气：我们家已经有一条红领巾了

在对孩子们进行常规教育时,总要以近景目标来引导他们努力,使他们感觉自己的努力有个明确的方向。我对孩子们说:"再过几个星期,我们班就要评选少先队员。评上了就可以戴上红领巾,多光荣啊!人家一看就知道你是个非常了不起的孩子!"孩子们立马坐得整整齐齐,个个挺起小胸膛,目光炯炯。

这时庄某泽小朋友举手说:"老师,不必客气,我们家已经有一条红领巾了!我明天可以直接戴来。"我笑着说:"那可不一样,这是要大家评选出来的,还要举行仪式,在升旗台前由高年级的优秀队员为你授巾,全校老师同学都来见证,可隆重了。不然,超市里网店多得是,大家都可以买来自己戴了?"

"哦,是这样呀!"

"我本来还在想,妈妈网购最会砍价了,让妈妈也帮同学买几条呢!"

……

我暗自发笑。

孩子的童真像未曾预知的清风,像突然邂逅的一朵小花,时常带来惊喜。

7.离别：托管孩子的周一上午

周一上午。

早读课上，我引导学生拼读词语。张某小朋友哭着出现在教室门口，边扭着头望着校门外的父亲。我走出去，俯下身轻轻对她说："张某好乖，跟老师进来。"她抽噎着进来了，不一会儿就跟着同学开始了学习。

不到五分钟，教室门口又见陈某枸小朋友在哭。我赶紧出去，说迟到了没关系，以后注意就是了。不曾想他回座位后，越哭越大声，以至于班上的齐读都没办法进行下去。我只得停下来，劝几句，毫无效果。三番五次，他还是在哭，哭着说要找妈妈。

学生的学习被这几次意外扰得都没有情绪。我只好让另一个女孩子带陈某枸先去办公室找班主任，然后组织学生继续学习。

班上寄在托管机构的几名学生，住在外乡镇，都是周一上午送来，周五下午接走。这些上学不到两个月的孩子，似乎都有周一恐惧症。每到周一上午，这个场面时有出现。

想想，孩子才七岁，这么小就离开家庭，寄在托管家，真的也令人同情。我们能做的，是在班级尽可能营造好的氛围，让孩子们在班上都有家的感觉。但其他方面呢？教育是家庭、学校、社会共同的责任，学校、老师只是其中一方面。任何一方面缺失，都会抵消掉其他方面的努力。面对各种问题学生，面对学生的各种问题，我时常感觉力不从心。但只能如同那位在沙滩上捡鱼扔回大海的孩子一样——"这条鱼需要！""这条鱼需要！"……

8.表扬：请你念出早读同学的名字

早上到学校来，教室已有十来位学生，都在早读。

我看了很高兴，就直接准备上课事宜。这时，骆某坤小朋友走上前来，对我说："老师，以前你早上来教室，都表扬在早读的同学。今天怎么就没有表扬早读同学呢？"我笑了，说："好，我等下就念。"接着我就在学生的朗读声中，念出了认真早读的学生名字，学生们都极为高兴。骆某坤小朋友则边读边瞟着我，直到我念出了他的名字，才继续专心致志地看着书读。

　　我发现,笼统地表扬或批评学生,效果很差,必须指出某个学生的姓名,这样能使组织课堂教学更为有效。比如,组织课前准备,你也许会说"看看哪一组的小朋友准备得最快",但这样的说法常常等于没说。如果说"看,黄某小朋友坐得那么好,宇某小朋友早就准备好了"——这时班上学生就会快速地准备好:有的学生马上坐得笔直,期待着得到老师的表扬;有的学生还会不断示意,似乎在提示:老师,你的表扬漏掉我了!

　　尽管是班级授课,尽管教学要面向大多数,但学生仍是一个个与众不同的个体,因材施教与照顾差异,真是教育永恒的难题。

9.奖励:没奖到红旗没力气努力

　　这天在改练习时,所有书写比较工整的作业,我都在其相应的分数边,画了一面红旗。

　　反馈时,我对学生说:"标了红旗,说明老师对你的书写非常满意。没有画红旗,老师希望你能够再加油,说明你还可以把字写得更好。"

　　下课了,张某溢小朋友拿着作业,找到我,愤愤不平地说:"老师,我同桌赵某涵得九十八分有红旗,我得九十九分没红旗,为什么?"

　　我说:"你还可以写得更好,老师希望你再努力啊!"

　　"红旗都没了,哪里有什么力气努力!"张某溢小朋友嘟着嘴。

　　我哑然失笑。张某溢在班上常有出彩发言,思维独特,其思维能力远远超于动手能力。对一面红旗如此看重,说明鼓励的魔力是不可低估的。

　　我突然想到,临近期末,更需对一些学困生进行鼓励。

　　其实,很多学生之所以成为学困生,主要原因是习惯不好。比如不专心听讲,不完成作业,或马虎应付学习任务等,而家长也未能及时有效地配合督促。假如能养成良好的习惯,家长及时跟进,我相信,只要智力正常,至少在低年级是不会有差生的。

　　昨天发下练习卷之后,很多孩子高兴地找到我,说:"老师,我考一百了。"陈某苗搂着我很开心,悄悄地说:"老师,我要努力了,我会加油的。"我摸摸他的脑袋,很感动,想起昨天我在他的卷子上写了"加油"二字。

　　然而赏罚是必须分明的。比如多次漏做题目,我通常会给扣掉十分,表示严厉的告诫,让他印象深刻,不再重犯类似的错误。考出好成绩当然重要,更重要的是,在这长期训练的过程中,学会专注地做事,克服困难完成任务,细致地分析,周密地考虑,有条理地安排……这些就是素质。这些看不见的素质,是在看得见的练习中训练出来的。

有大求者,是真正超越了名利的束缚,这就是境界。纯然为师淡然为师,此谓之大师。

10.震撼：名叫"美丽"的女孩

那是支教的第一个月。

一天下课,我在讲台旁边收拾作业,边跟学生聊,突然想到了美丽。

这个学生时常衣服极脏,趿着一双拖鞋,每天极安静地坐在教室的最后,缩着头,趴在桌上。四年级了,每次作业写不了几个字。平时所能顾及她的是,在巡视作业时走过,我会对她说,你不会就抄吧。然后让同桌把作业给她抄。仅此而已。我也没有精力来对她做什么辅导,只是常常对她旁边的同学说,你们要多帮她。

今天,我突然想到,到现在还从未听她说过一句话,就让学生叫她上来。可是学生去叫了几次,她都不愿,只是趴在那里。我坐在讲台桌前面,对她招了招手,她走上来了。我问了她几个问题,她都以"是"或"不是"来回答。

我望着她蓬乱打结的头发——似乎从未洗过,还有指甲缝里黑乎乎的污垢,有些恼火,想,这样的学生会有什么样的家长呢？都外出打工无法顾及？是酗酒？抑或是有一个什么不一般的家……

我问,你爸爸妈妈在做什么？

她愣了好久,望着我,我尽量微笑地对着她。

这时,她突然搂住我的脖子,轻轻地趴在我耳边说:"我爸妈早死了。"说完,她眼圈就红了。

我忽然震动了一下,这一情境撞动了内心深处某些柔软的东西,我平时的行为是否承受得起这个女孩对我的信任？我教了她将近一个月,这是她对我说的第一句话,也是唯一的一句话。这句话竟然是"我爸妈早死了"。

佛说,一花一世界,一叶一菩提。更何况是一个孩子,每一个孩子都是一个永远探究不完的世界。我忽然想到了一个沉甸甸的词——责任。可是当我面对六十八名学生的学业任务时,当我望着那些怎么鼓动也不愿动嘴读课文的学生时,我时常筋疲力尽,心情复杂。

我深知,每一个不合格的成绩背后,都有一个力不从心的家庭。

也许,只有在没有任何功利的时候,教育才能与神圣接轨。

11. 惩罚:请你到一年级读两天

一名学生连续几天都没有完成作业,我一再提醒他抽时间补做,他还是老样子,不停地与周围的同学讲话,对老师的提醒似乎无所谓。

下课了,我说:"你收拾一下书包吧,跟我去办公室。"

他竟然很爽快地收拾了书包,兴高采烈地跟在我后面,还与其他同学频频招手,好像要去参与什么十分荣耀的活动。

我很恼火,走到楼梯转角,停了下来。我想:他在教室里就做不来,请到办公室,也不是办法。你能每次都把他请到办公室里做作业吗?

于是我让他站好,说:"老师想请你去一年级读两天,让你先学会怎样把作业做完。因为按时完成作业,是一年级就必须养成的习惯。你到四年级了,连作业都无法按时完成,就不配当四年级学生。所以,先去一年级学学好习惯吧。"

这个学生马上神情大变,脑袋垂了下来,不肯挪动一步。

我说:"快一点,我已经跟一年二班的老师说好了,你只能去两天,看看能不能改正,再回来。"

他马上哭了。

我问:"你为什么哭?"

他抽抽搭搭地说:"我邻居在一年二班读,我妹妹在一年一班,这样会让全校同学笑死的。老师,给我个机会好吗? 我要改正。"

顿了一会儿,我说:"我相信你一次,去补吧。"

下午,我一到教室,他马上把作业都交来了。

这让我很意外。

其实学生不良习惯的形成不是一两天的,改正也非一日之功,不可能靠一两次就改变不良习惯。对转差的难度,真的要有预见,要有心理准备,然后才能豁达大度地宽容其种种意想不到的行为,才能在轻松的心境中,找出更加有效的教育方法,最终达到教育目的。

但是,教学任务压在那,老师更多关注的是学生的学科学习,其他方面则很少能系统地想办法训练。其实,教学永远离不开教育。

明天,我决定让学生以四人小组为单位,每周写一次名言,每人一句,不得重复,在每句名言前面标明是谁收集到的。这样,一方面人人有机会展示,可以激励学生;另一方面,可以让学生积累好句,也能发挥团队的互相教育作用。

想法很美好,不知落实下去如何?

或许,作为老师,我们更需要的是启发的智慧和等待的耐心。教育应是孩子们自己渐进成长的过程,要知道,自我怀疑,自我批判,自我更新,自我成长,自我接纳是教育的本质。

12.探寻:人性中最美好的东西

上午,我让学生读《尊严》一课的中心句:"你别看他现在一无所有,但他是个百分之百的富翁,因为他有尊严。"

我对学生们说:"孩子们,只要努力,只要勤奋,你们的未来也将是十分美好的。几十年后,在你们当中,也许会有哈默这样的百万富翁,也许有将军,有科学家……"

大多数学生很专注,但是我还是听到了两三名学生在说:"噫,肉麻!""根本就不可能!"

我想起期初支教来上课的第一天,一名孩子没来上课,我向学生询问是什么原因?一些学生说,他生病了,住医院。

接下来居然还有学生说:"他要死了!""他要上天堂了!"

另外有嘻嘻的窃笑声。

我很生气,说:"当一名同学没有来上课的时候,全班同学都应该关心他,或者问他为什么没来,需要什么帮助。因为有一天,你也可能需要别人的帮助!"

虽然当时这样说,但我还是很丧气,因为就连在课堂上,学生都进不了一种人性中最为美好的境界。也许常年生活在情感比较粗粝的环境,对这种细腻情感的表达并不习惯;也许内心有所触动,但习惯上还是拒绝了这样的表达方式。

现实与所期待的总是太遥远。

我总是希望在支教这一年,真切地拥有最为珍贵的几个记忆。也许将来有一天回忆起来,会有所触动。而事实上,在忙于教学进度时,在繁重的任务和嘈杂的琐事中,忙忙碌碌的师生也少有纯粹的令人心动的情感交流。

13.触动：你是为自己而学习

早读课，我走到教室，班上一半学生已到位，没有一名学生在早读。有几名学生手上拿着书，却在东张西望。我走过窗户，学生望见我了，开始行动，读了起来。

这番情景令我十分恼火：一是已经训练了半个学期，学生都明白早读课的任务，也明白多读才能学好语文；二是班上不少学生都无法在家完成背诵任务，家长基本无法督促跟进，不能指望在家里能巩固复习，到校了，却还不自觉。

我走到讲台前，很严肃地。嗡嗡嗡的读书声已经很响了。我说："不必读了，就像老师还没来的时候那样吧，就先坐着吧。"

学生望着我，以为我就要发脾气了。我却平静地说："第一，你们是读给老师看的吗？要为自己而读书，为自己的未来而读书。无论老师在不在，你必须为自己的学习负责任。第二，你们早上的行为让我生气。一个十一二岁的孩子，早已知道早读的好处，而且老师也把任务布置得够清楚的了。你们却坐着发呆，说笑，就是不读书。你每天都说要努力了，努力应该从每一天做起！从每一节课做起！成绩是一点一滴的好习惯累积出来的。第三，许多环境好得多的孩子，都在努力拼搏。你不用心，对得起父母吗？对得起自己的未来吗？要不断地努力，将来才能自立自强。谁也帮不了你，只有你自己可以帮自己。空口袋是立不起来的，只有装满了才能立起来！"

学生愣愣地看着我，一些学生的目光让我知道，这些话触动了他们；一些学生趴着；个别学生还在嬉笑。当然，你的一席话，再感人肺腑，也不可能让所有的学生都有所触动，这就是教育。

忽略现实存在的问题，却来追求所谓的精彩和生成，是很可怜的，这只会导致教育效果不断地变得低下。不必一直谈什么理念，事实最能说明问题。每一天，我总是要问自己：今天教育教学效果好吗？为什么？

当然，教育总是复杂的，任何好习惯的养成都不可能一蹴而就。这其中会不断地反复，不断地节外生枝，不断地发生冲突，教师的教育智慧也许就是在不断地解决问题中得以生成。追求有效，老师就时时必须思考：怎样用最好的办法，解决面临的问题，让教育成本最小化效益最大化？

每一天，总要面对许多令人生气的事：没有完成家庭作业；作业有错不订正;早读课还有学生坐着根本就不动嘴;上课时做小动作……面对这一切,我时常告诫自己,要平静看待,也许正因为这样不同,才有世界的丰富多样吧。

记得在省学科带头人结业仪式上,我作为学员代表这样说:

"因为理想,我们开始了对教育意义的追问。因为对意义的追问,使原本简单枯燥、机械重复的教学变得充满探究的兴趣和发现,令人兴奋、激动不已。这种变化使我们开始思考:我怎样使我的每一个教学充满教育的意义?"

事实上,这样的教育过程是十分艰苦的,我常常精疲力竭。

太多要做的事情,而太少令人愉悦的结果。

14.追问:让教学葆有灵性

昨天下午讲评练习卷,重点选错误率高的题目讲评。

讲评之前,我还特别强调:讲评后同桌要互改,如果能帮同桌找出一处错误,自己也可以加一分。所以,现在的讲评,让大家既有机会订正自己的卷子,也有机会为自己加分,请一定认真!

这下全班学生全精神起来了,他们十分专注地听。

进行互改时,学生果然认真极了,互改的效果也很好。

今天的作文课上,我让学生自改作文之后,互写评语。教室里却闹哄哄的,学生更多的是在互相挑剔。

这现象让我想到,学习其实是很个人的事,合作应该在充分独立的基础上,其只能作为补充。如果简单地合作,那效果很差,活动常常停留于扯皮上。

所以,即便是练习的反馈,或背诵默写等内容,也要基于独立学习,把合作作为辅助方式。过于强调合作,只会助长浮躁之风。要让学生意识到:学习是个人的事,要付出艰苦努力。

当进入常规教学周期时,我发现自己很容易陷入周而复始的教学琐事中,灵性与悟性逐渐地远离,不知不觉变成那种刻板的面目可憎的样板式老师。

既然是在各种活的情境中教学,我经常以此诗警醒自己:

当学生精神不振时,你能否使他们振作

当学生过度兴奋时,你能否使他们归于平静

当学生茫无头绪时,你能否给以启迪

当学生没有信心时,你能否唤起他们的力量

你能否从学生的眼睛里读出愿望

你能否听出学生回答问题中的创造

你能否察觉出学生细微的进步和变化

你能否让学生自己明白错误

你能否用不同的语言方式让学生感受到关注

你能否使学生觉得你的精神脉搏与他们一起欢跳

……

这一系列的自问，让我感觉路漫漫，无法懈怠。

15.希望:既考一百分又爱老师

教学的效果永远不会是整齐划一的，教师疲于应付学生的各种差异时，如果无法控制自己的情绪，体罚会常态化地出现。

所以，教师应该时刻记住，面对的学生是多样的，有的勤奋，有的懒惰；有的做事认真，有的马虎；有的很自律，有的坐不了一分钟……这些都是正常现象。教师在完成教学进度的同时，总在尽可能地保底，为提升班上的几名学生的极差成绩，竭尽全力。如果为了保底，要与学生走到对立面，那宁可先不保底，也要与学生友好相处，再细细寻找更好的办法。

可惜的是，在与学生的相处过程中，往往不自觉地拿学生在学业中的表现作为标准。我想起一个很极端的家教问题:假如你的孩子考了一百分但不爱你，或者你的孩子考了不及格但很爱你，你愿意是前者还是后者？

当然，这只是通过极端问题引发思考，在鱼和熊掌不可兼得的情况下，到底最重要的是什么。又或者，当孩子学业无可救药的时候，借此安慰自己，类似于佛系。

事实上，于这个问题，生活中更多的是双赢或双输，因为教育是一个整体。

作为教师，当然希望学生都能考出好成绩。可教师就是尽其毕生精力，也不可能让班上学生人人都考得好，这就是现实。有人永远是学霸，有人在学生生涯永远是垫底，这就只能在原有的基础上有所提高。

我又想到，假如学生现在考了八十分，要再提升五分十分，必须牺牲大部分精力，而提高的这五分十分似乎也改变不了未来的大方向。如果基于八十分即可，不再刷题。腾出的时间，引导他们大量阅读经典文学作品，去学一些有用的思维方式，去做一些有意思的交流活动，也许对其未来更有利。因为在社会的竞争中,更多的看一个人的综合素质。

然而这只能是想法。因为淘汰式的考试,一分之差,都有分别。这就决定了只能放弃想法,多刷题。

日常生活中,我们的思维方式常常不知不觉地走向二元。我们常认为,只要创设了一个良好的环境,学生一定会爱学、乐学、学得好。如果这是个正确的前提,那学生不爱学的原因都应该归结于外部环境了。

事实上,教育是极为复杂的。对于大多数适用的原则,总有部分特殊群体例外。教师的大部分精力,就是耗在这些例外上。在日常教学中,之所以穷尽精力,正是耗在这些所谓的特殊性上。比如上课不专心听讲的学生,没有完成作业的学生,不断打架滋事的学生……

教育面对的是一个个活生生的人,每一个例外,都应是教育的常态。

16.童趣:上学路上的三条小狗

周一下午,我让每一名学生画出自己的家校路线图。以学校为中心,标出主要标志建筑如学校旁边的惠崇公路,对面的镇政府,附近的市场和超市……自己的家以三角号标示;同时标出沿路经过的同班同学家,用圆圈标示;一些店铺或大树等相对固定的标志物可用123代替,在"注"中,解释这些数字各代表什么。

学生兴致盎然,很快完成了路线图。我收上来一看,还真像模像样的,其中有个学生,因为家离学校太近,出了家门过几户人家就到校了,一时找不到标志物,就标着一条黑狗,一条金毛狗,一条短尾狗。我问她,这三条狗是怎么回事?学生答:"太近了,没什么标志,刚好经过的都是养狗的,狗又各不同。"

我哑然失笑。学生的眼光与成人真的很不同。我们关注的也许是有特色的古屋,新建的气派的别墅,而学生关注的是哪户人家的小猫小狗,他记住的那一家,或许是因为那家喂养了许多小金鱼,或者是那家门前的小果树夏天总能有酸酸的葡萄,或者是那家种有一棵很会害臊的含羞草……

这就是童真,如果不是走向生活,如果只是盯着分数,哪能有这样有趣的发现!

从学生的路线图中选择十份左右,理出由近到远的路程顺序,准备家访。班长很快地约好了带路的学生。

这些待家访学生的特点：一是学业成绩不理想；二是习惯特别差，如上课坐不住，或几乎天天不完成家庭作业。然而我和班主任不想去告状，只想知道这样的学生，有着什么样的家庭环境，想了解一下是什么样的教养方式导致了这样的学业结果……

17.发现：看不到通往罗马的路

我们班主任与三名学生出发了，时间是晚上七点多。

第一家。

学生的爷爷在家，学生及父母均不在，爷爷望着我们这群不速之客，疑惑地问："你们来干吗？"

我们答："来家访啊。"

"威某他爹妈都不在啊，你们问我，我也不知道啥。"

"那就先去别家，麻烦你打个电话让他们过来，等一下我们再来。"

……

教育似乎只是父母的事，祖辈也许是日常提供三餐，连跟教师的交流也不是他们的责任。

第二家。

伟某十三岁了，牛高马大的，同龄人都上初中了，他还在四年级，各科考试勉强个位数，基本为零。可是，他每天一有机会就打篮球，能主动积极地为班级做事：擦黑板发本子收拾教室；同学吐了去端来沙土；下课了就赶紧跑来问老师要不要帮忙……上课时，反正也听不懂，就坐在最后一排自个儿玩。

就是这样的一名学生。

基础这么差，如果成绩要提到三十分，那么，至少要做的是：

一是教师必须殚精竭虑，从一年级的知识开始补；

二是每天除了补课外，还要跟上新课，最少要用别人的两倍时间来学；

三是还要有最为良好的家庭教育状态来配合跟进。

这样努力的结果，也许考上了二三十分。代价是什么呢？他可能会因此厌学离开学校。

而事实上也是不可能做到的。作为教师，工作任务繁重，根本没有时间为他专门补课，偶尔的一两次可以，但是长期系统地补课是绝不可能做到的；他的父亲在外包工程，母亲文化程度不高，一人在家照看四个兄弟姐妹，能指望家庭配合什么呢？如果硬逼强练，考到二三十分，其实也改变不了将来生活的大方向。付出的代价却可能是：他从此没有了宽松的生活，学业的压力也许会让他再也没有笑容⋯⋯

所以，对他而言，到底什么是最重要的呢？有的孩子也许天生在学业上不擅长，就是花再多的时间精力，也不可能达到所谓的及格。如果硬逼着他去抄去写去读去背，最终可能导致各种问题。

权衡得失，应该选择哪一种方案呢？让他自由自在地打篮球，玩儿着长大，不能说不是一个好办法。顺势而教，为什么不行呢？对这样的特殊学生，应该有这样的认识。这不是放弃，不是歧视，我们照样关心他。如果他偶尔交上了作业，我也会在字里行间中搜寻正确的字，打勾，画一面红旗。

见了他的母亲。母亲滔滔不绝地介绍，儿子平时在家如何懂事，每天早上如何地早起做饭⋯⋯讲述每一个优点之后，她都痛心疾首地说："不过，书读不好，什么也没用啊！"

我们把伟某这段时间的表现夸了一下，然后提议，可以让孩子朝着打篮球这个方向去培养。对学业，我只好轻描淡写："主要是基础太差，现在能学多少就多少吧。"

看不出提议对他母亲有多大的触动，她只是应付一下，依然说："唉，学习不好，什么都没用啊。"

家长的成才观是根深蒂固的，要改变很难，更何况是文化程度参差不齐的家长群体。

如果只把学业有成当作成功，对于伟某而言，似乎看不到通往罗马的路。

第三家。

土某的父母离婚了，跟爷爷住。爷爷是捡破烂的。

远远就看到破旧的矮屋前堆满了各种破烂，气味冲天。我们走进屋，只有一间，昏黄的灯光下，靠墙的木板床堆着看不出颜色的被子。被子突然动了，一看，是土某窝在被子里。问他爷爷在哪？晚饭吃了没？都没回答，跟在学校一样，从来都是一声不吭。

我无比心酸。

生存尚且成问题，还谈什么学业。

我们把三个带路的学生送回家，一路无言。

18.平等:教师应以什么自称

最近,在某杂志上看到这样的论述:教师在课堂上以什么自称? 传统的如张老师、王老师等自称不合适。例如在课堂上对学生说,"你说得真好,张老师也同意你的观点"或"老师很欣赏你的勇敢",这样的说法会拉开师生的距离,过于强调师道尊严,学生会形成思维定势,认为教师是高高在上的,讲什么,就要听什么,无形中影响了学生学习的主动性,不利于培养学生发表独立见解的习惯和创新精神等。应该对学生说"我"怎么样,如"你能第一个发言,我很欣赏你的勇气"或"现在,我要和你们比一比,看谁读得好"。还举例,说教师在与同事交往时,因为是平等关系,用"我"自称,故而要体现与学生的平等,也应如此。

看了以上论述,颇不以为然。强调尊重学生,与学生平等,当然没错。无疑,师生互动、相互学习、共同成长是以师生平等为基础的,这一平等应更多地体现在人格上的平等。学生因为年龄较小,阅历较少,经验有限,客观上需要教师的指导与鼓励。

对教师而言,学生是成长中的个体,出现错误是不可避免的,学生之间的差异是客观存在的。首先,教师要尊重差异,耐心引导,教学的过程应该基于尊重学生。但教师在知识、经验、能力、方法等上无疑有绝对优势,教师还是教师,还必须有一定的权威。

其次,在习惯上,众多的教师在课堂上均以"老师"自称,这样的称呼既亲切又得体,从未有证据说明因为这样的称呼影响了学生的创造力,或者让学生感到不适。事实上,细心的教师会发现,很多教师在发火的时候,倒往往会以"我"自称。假如一定要用同事间因为平等而自称"我"来比拟,那么是不是为了体现平等,教师应该让学生来称呼其名字? 因为同事间就是互称名字的。体现师生平等,并不一定是教师自称"我"方能说明问题。

最后,尊师重教,是我国的优良传统。其他行业对长者尊敬,尚且以"老师"相称,学生可称"老师",为什么教师不能自称为"老师"呢? 而且,提倡教学个性化,甚至课前问好形式与结课形式也多样化,比如听音乐相互问好,做游戏,读古诗,念儿歌,甚至用英语道别等。那么,为什么还纠结于教师有自己习惯的自称呢?

师生平等是一种理念,落实到实践中,会有多种多样的表现形式。正如教师各具个性一样,每一名教师各有不同,对理念的认同所表现出来的方式也互有差异,这才体现了教育活泼的生命力。

后　记

2019年秋季,全国中小学生统一使用统编版语文教材。因各种研讨活动的需要,我着手整理之前几年实践的统编版教材新老课文案例,发现这些课例无不聚焦一个点——理性。而近年所写的论文,任何一个论点都可以在这些案例中找到回应。浸泡在课堂中,尝试、改进,反反复复;走出课堂,思考、提升,周而复始……

且行且思,且思且行……

确实,研究是做出来的。

从一百多个课例中,遴选了21个案例。透过一行行文字,一幕幕镜头回放:无数次伴随铃声,从上课的教室冲向听课室;围坐研磨,字斟句酌,或争得面红耳赤,常常未知中午食堂已打烊;查找资料,反复回放现场片段找瑕疵,路灯下的话题还是那节课;众老师当学生听课,或者跨个年段再试一试,只因本年段班级已轮番试过这一课了……

感谢同行的诸多伙伴,书中署名的以及未署名的,一起磨课的无数日夜,只为追寻那一束理性之光。

感谢恩师——福建师范大学余文森教授,他让我们明白:敏锐与精准,是做学问之首要。

感谢厦门大学出版社郑丹老师,专业精湛,一丝不苟,且不厌其烦。书稿经她提点,常有画龙点睛之效,每每令我欣喜不已——我最近这三本书的书名,均出自郑老师的建议。

感谢爱人陈伟斌先生,执子之手,风风雨雨几十年,相伴成长。我的每一项成绩,都离不开他的鼓励和支持。生命中有此挚爱,亦是无憾。

愿理性之光,照亮我们的人生。

张达红

2022年3月

感谢有你，与我相伴成长